技能型紧缺人才培养培训工程配套教材·汽车类专业

汽车电工电子技术

主　编　吴　炜
副主编　杨　帆　莫　军　张翠霞

电子工业出版社

Publishing House of Electronics Industry

北京·BEIJING

内 容 简 介

本书以任务引领的教学做一体化为特色，根据高职高专教学的基本要求，以汽车电工电子相关工作岗位标准为指导组织教学内容，在保证知识体系完整的基础上，将技能训练与理论知识紧密结合，部分实例还配套了操作视频。本书内容精练，逻辑清晰，图表规范，实用性强。

本书分为 4 个模块、12 个项目及若干学习任务。模块 1 学习直流电路及直流电动机相关知识，模块 2 学习交流电路及安全用电相关知识，模块 3 学习晶体管及放大电路相关知识，模块 4 学习门电路及逻辑电路相关知识。每个学习任务以技能为导向，从理论学习、训练目标、任务评定等环节展开。

本书适合高职高专汽车类相关专业学生使用，也可供广大初、中级工程技术人员和对汽车电工电子技术感兴趣的读者自学参考。

未经许可，不得以任何方式复制或抄袭本书之部分或全部内容。
版权所有，侵权必究。

图书在版编目（CIP）数据

汽车电工电子技术 / 吴炜主编. —北京：电子工业出版社，2024.1
ISBN 978-7-121-47251-0

Ⅰ. ①汽… Ⅱ. ①吴… Ⅲ. ①汽车－电工技术－高等学校－教材②汽车－电子技术－高等学校－教材 Ⅳ. ①U463.6

中国国家版本馆 CIP 数据核字（2024）第 034958 号

责任编辑：郭乃明　　特约编辑：田学清
印　　刷：天津画中画印刷有限公司
装　　订：天津画中画印刷有限公司
出版发行：电子工业出版社
　　　　　北京市海淀区万寿路 173 信箱　邮编：100036
开　　本：787×1 092　1/16　印张：12.5　字数：312 千字
版　　次：2024 年 1 月第 1 版
印　　次：2024 年 1 月第 1 次印刷
定　　价：41.00 元

凡所购买电子工业出版社图书有缺损问题，请向购买书店调换。若书店售缺，请与本社发行部联系，联系及邮购电话：(010) 88254888，88258888。
质量投诉请发邮件至 zlts@phei.com.cn，盗版侵权举报请发邮件至 dbqq@phei.com.cn。
本书咨询联系方式：(010) 88254561，guonm@phei.com.cn。

前　言

目前，高职高专院校工科类专业，特别是新能源、智能网联汽车技术类专业普遍开设了汽车电工电子技术课程，使学生掌握汽车电子与电气电路的基本原理、元件特性、分析方法及应用，为后续的汽车电子和电气系统分析与应用能力的培养打下基础。汽车电工电子技术作为一门专业基础课程，其基础性知识较多，理论性较强。

本书编者从事教育部校企深度合作项目的理论与教学实践工作多年，参加、指导高等职业院校技能大赛，承担国家级、省级职业教育教学资源库课程开发与建设任务和多项省级职业教育教学改革研究项目，有着丰富的教育科研与实践教学经验。在从事教学研究与实践的同时，希望探索出一套以工程实践应用为主线，体现教学做一体化，改进专业基础课程教学模式，突破专业基础理论课程的传统教法，提升职业院校汽车专业现场工程师技术基础能力的可行方案。

在多年理论和实践教学经验的基础上，本书的编写体例在保持知识体系基本完整的基础上，采用体现高职高专教育特色的项目、任务驱动式的活页+手册模式。本书由校企双方团队联合编写，实践项目的提炼由汽车领域企业的一线工程技术人员提供支持。本书内容精练，逻辑清晰，图表规范，实用性强。

本书参考学时为 60~80 学时，4 个模块的安排遵从电工电子技术知识体系，每个学习任务都体现了手册式教材基于岗位要求与行动导向的内核特征，学习任务中的做一做环节配有视频资源，供读者参考。

每个模块与项目以学习地图为开篇，点明知识点与能力目标。每个项目根据学习内容细分为 2~4 个学习任务。项目学习嵌入思政教育元素，带领学生结合理论与实践学习，树立正确的价值取向，做到思政与知识技能的融合，达到润物无声的效果，实现职业教育价值塑造、知识传授、能力培养"三位一体"的教学目标。

本书由南通职业大学吴炜、杨帆，广西物流职业技术学院莫军，江苏联合职业技术学院张翠霞共同编写。上汽通用技术培训中心、深圳爱夫卡科技股份有限公司、特斯拉江苏服务中心等单位的技术人员对项目任务的提炼与撰写提出了建设性的意见。本书由吴炜统稿。

本书在编写过程中参考了兄弟院校、相关企业和科研院所的一些文献资料，在此一并致谢。由于编者能力有限，书中难免有疏漏之处，恳请广大读者和专家批评指正。

目 录

模块 1　直流电路分析与应用 ·· 1
　项目 1　电路基础知识 ·· 1
　　学习任务 1　电路组成与模型搭建 ·· 3
　　学习任务 2　电路基本物理量测量 ·· 5
　　学习任务 3　电路工作状态判定 ··· 7
　　学习任务 4　基尔霍夫定律及其验证 ··· 9
　项目 2　复杂电路分析方法 ·· 19
　　学习任务 1　电流源的等效变换 ··· 21
　　学习任务 2　支路电流法及其验证 ·· 23
　　学习任务 3　叠加原理及其验证 ··· 25
　　学习任务 4　戴维南定理及其验证 ·· 27
　项目 3　直流电动机与调速 ·· 35
　　学习任务 1　电位测量 ··· 37
　　学习任务 2　直流电动机原理与拆装 ··· 39
　　学习任务 3　直流电动机的控制方法 ··· 41

模块 2　交流电路分析与应用 ·· 47
　项目 1　单相交流电的产生与应用 ··· 47
　　学习任务 1　正弦交流电测量 ·· 49
　　学习任务 2　单一元件的正弦交流电路测量 ·· 55
　　学习任务 3　RLC 串并联电路分析 ·· 59
　项目 2　三相交流电的产生与应用 ··· 65
　　学习任务 1　三相交流电基础 ·· 67
　　学习任务 2　三相负载电路分析 ··· 71
　　学习任务 3　交流电动机及其控制 ·· 75
　项目 3　供电与安全用电 ··· 85
　　学习任务 1　发电与输配电 ··· 87
　　学习任务 2　磁路与变压器 ··· 91
　　学习任务 3　安全用电与急救 ·· 99

模块 3　模拟电路分析与应用 ·· 105
　项目 1　晶体管及应用 ·· 105
　　学习任务 1　半导体器件、晶体管及应用 ··· 107
　　学习任务 2　特殊晶体管及应用 ··· 117
　　学习任务 3　整流与稳压电路及应用 ··· 121

项目 2　基本放大电路及应用 ··· 127
　　　　学习任务 1　基本放大电路类型及判定 ··· 129
　　　　学习任务 2　典型基本放大电路分析与应用 ··· 133
　　项目 3　运算放大电路及应用 ··· 139
　　　　学习任务 1　集成运算放大器及应用 ··· 141
　　　　学习任务 2　基本运算电路及应用 ··· 145

模块 4　数字电路分析与应用 ··· 151
　　项目 1　常用门电路 ··· 151
　　　　学习任务 1　数制与码制 ··· 153
　　　　学习任务 2　逻辑代数基本运算与验证 ··· 157
　　　　学习任务 3　基本门电路及应用 ··· 161
　　项目 2　组合逻辑电路及应用 ··· 167
　　　　学习任务 1　编码器 ··· 169
　　　　学习任务 2　译码器及应用 ··· 177
　　项目 3　时序逻辑电路及应用 ··· 181
　　　　学习任务 1　触发器及应用 ··· 183
　　　　学习任务 2　计数器及应用 ··· 187
　　　　学习任务 3　555 定时器及应用 ··· 189

模块 1　直流电路分析与应用

本模块是汽车电工电子技术课程的重要理论基础，要求学生掌握直流电路分析的基本方法，为以后学习打下基础。通过学习本模块专业知识，激发学生在汽车电工与电子行业领域发展的信心，为培养汽车领域"新四化"亟需的"新工科"人才而努力。

学习地图

直流电路是最基本的电路形式，其体现的一些定理与定律在其他应用电路中同样适用，直流电路的分析方法是研究其他电路的基础。本模块将引入电路参数、电路变量及电路状态等概念，进一步阐述电路的基础知识及基尔霍夫定律、叠加原理等电路中的基本定律和分析方法。

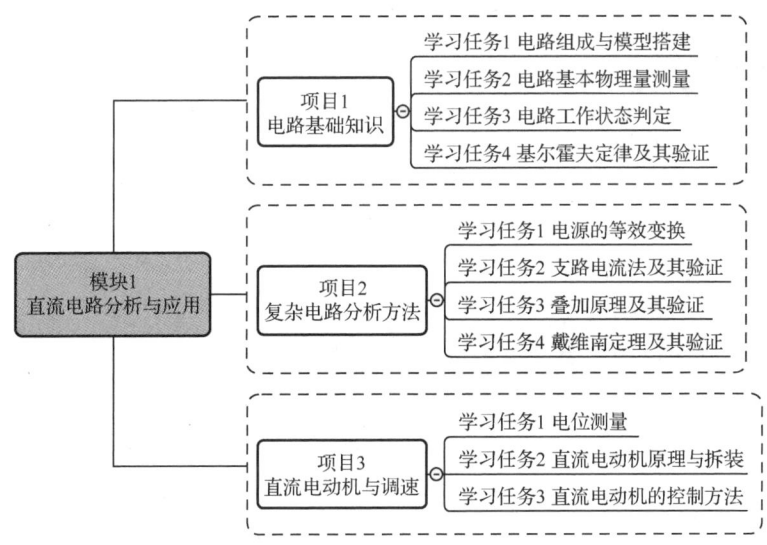

项目 1　电路基础知识

学习地图

汽车电工电子技术课程的入门很重要，直流电路是电工电子技术中最基本的知识。本项目从电路组成与模型搭建、基本物理量测量、工作状态判定、基尔霍夫定律及其验证等方面介绍电路基础知识，为日后学习相关的电路分析做准备。

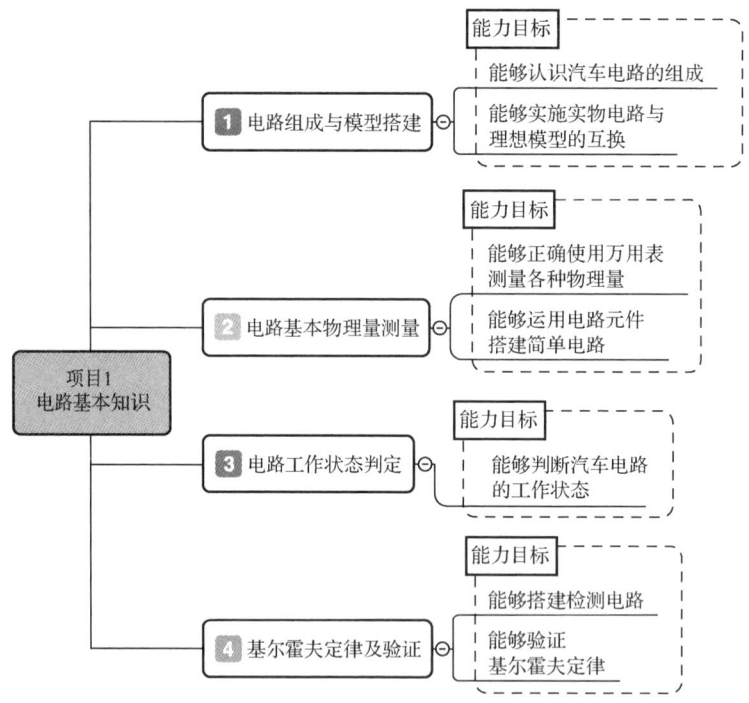

任务引入

汽车电路分析中经常会遇到各种类型的电路故障，要解决这些故障，在电路基础方面主要涉及运用常用测量仪器对电路的工作状态、基本物理量进行测量与判定，经过本次任务的学习可以完成电路的搭建、测量与基尔霍夫定律的验证，并为后续的复杂电路学习做准备。

学习任务 1　电路组成与模型搭建

说明表 1.1.1 所示电路的组成及能实现的功能,如将表中实物电路元件理想化,突出其主要性质,忽略其次要性质,画出电路模型。

表 1.1.1　实物电路的模型转换

实物电路图	理想电路模型
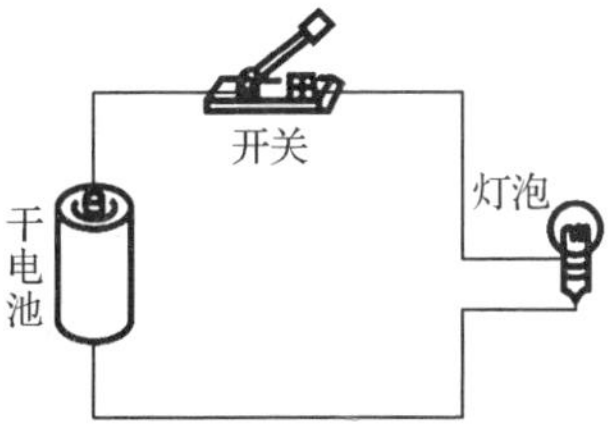 (干电池、开关、灯泡组成的电路图)	

汽车电气系统主要由**电源**、**用电设备**和**中间装置**组成。

电源是指能将其他形式的能量转换成电能,并为电路提供能量的装置,如动力电池、车用蓄电池及发电机等;**用电设备**是指可在电路中接收电能,并将电能转换成其他形式的能量的设备,如车灯、电动机、空调、雨刮器及起动机等;**中间装置**是指连接电源和用电设备的部分,如开关、熔断器及各种连接器等。

(1) 车用电源一般有两种:_____和_____。

(2) 汽车电气系统常见的中间装置有_____、_____和_____等,这些中间装置的选用和装配直接影响用电设备的运行状况。

(3) 汽车上的用电设备包括_____、_____、_____、_____、_____、_____、_____及_____等。

电路的主要作用:实现电能的传输、分配和转换;实现信号的传递和处理。

练一练

能否根据某汽车喇叭电路图(见表 1.1.2),画出其电路元件连接图?

表 1.1.2　汽车电路工程图模型转换

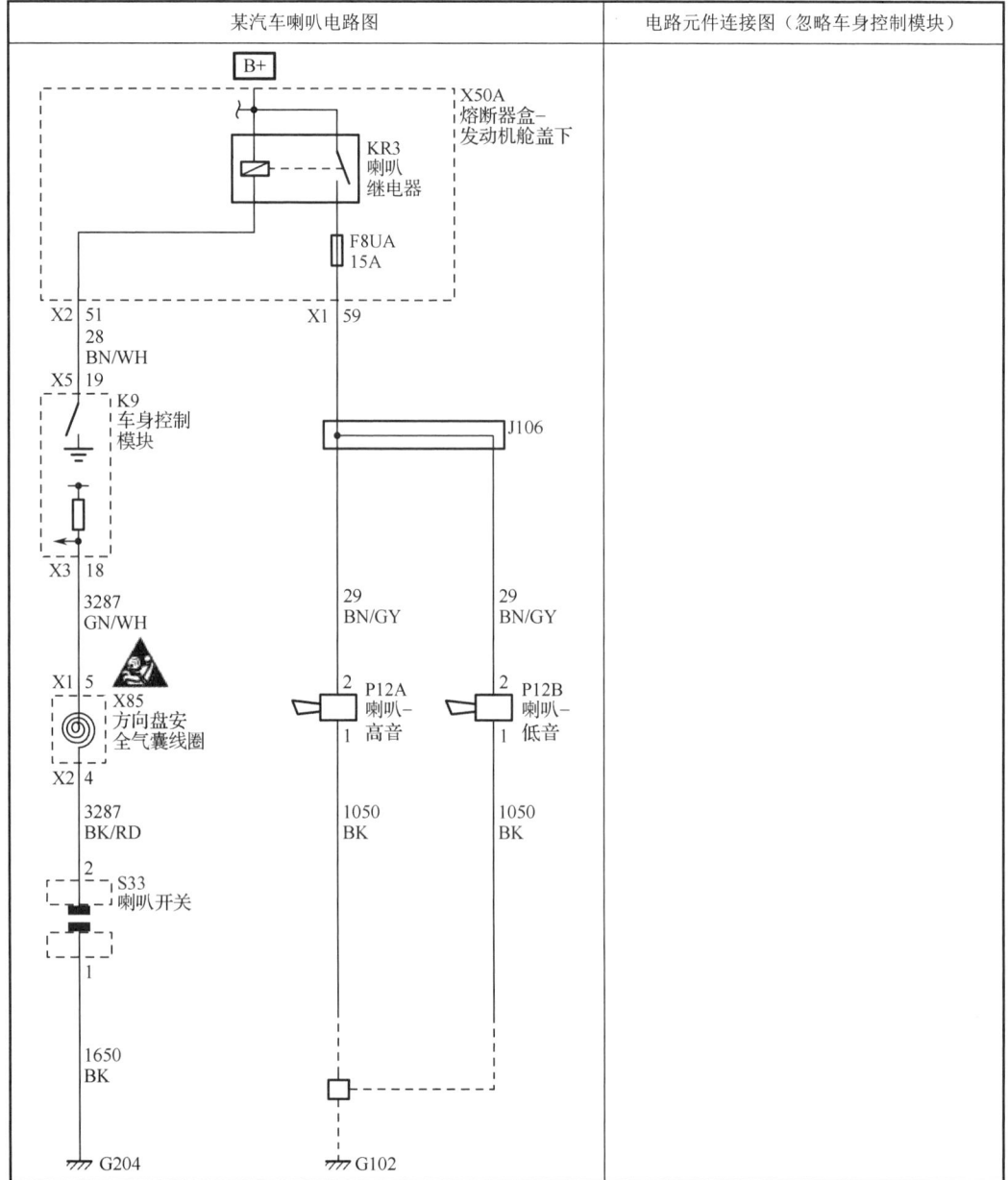

知识链接

无论电能的传输、分配和转换，还是信号的传递和处理，电源或信号源的电压（电流）都被称为**激励**，它驱动电路工作。在激励作用下，电路某一元件上的电压或通过元件的电流被称为**响应**。激励表示电源供给电路的能量，响应表示在电路某一元件上能量的应用。**电路分析**就是在已知电路结构和元件参数的情况下，讨论电路的激励和响应之间的关系。

学习任务 2　电路基本物理量测量

电路的基本物理量有哪些？其单位是什么？方向是怎么被确定的？能否运用数字万用表判断电路常用参数的实际方向？请阅读表 1.1.3 并回答其中的问题。

表 1.1.3　电路的基本物理量

物理量	概　念	表示方法	方　向	单位
电流	电荷有规则地定向移动被称为电流	用 $i=\dfrac{\mathrm{d}q}{\mathrm{d}t}$ 或 $I=\dfrac{Q}{t}$ 表示 大小写的区别：i 表示大小和方向随时间变化的电流；I 表示大小和方向都不随时间变化的电流	规定电流的方向为_____电荷运动的方向。 为了方便分析和计算，可以任意选定一个方向作为_____	
电压和电位	在电路中任选一点作为参考点，则电场力把单位正电荷从某点移动到参考点所做的功为该点的电位，用 V 表示	参考点符号为_____， $U_{ab}=\dfrac{W_a}{Q}-\dfrac{W_b}{Q}$ $=V_a-V_b$	与电流类似，分析电路时，也需要先将_____作为参考方向	
	电场力把单位正电荷从 a 点移动到 b 点所做的功称为 a、b 两点间的电压，用 U_{ab} 表示	$U_{ab}=\dfrac{\mathrm{d}w}{\mathrm{d}q}$		
电动势	电动势是指电源内部非电场力把单位正电荷由低电位端移到高电位端所做的功，用 E 表示	$E=\dfrac{W}{Q}$	电动势的实际方向为_____，指向高电位端，因此，_____和电压的实际方向相反	
功率	功率是指电能量对时间的变化率，也就是电场力在单位时间内所做的功，用 P 表示	$P=\dfrac{W}{t}$	当元件中流过的电流与其两端电压在_____下时，若 $P=ui>0$，则说明元件____功率；若 $P=ui<0$，则说明元件____功率	

什么是关联参考方向和非关联参考方向？电路中任意两点电位的高低受什么因素影响？它与电压的区别是什么？

_____

_____

知识链接

电能有时用千瓦时（kW·h）作为单位，1 千瓦时俗称 1 度电。

$$1\mathrm{kW}\cdot\mathrm{h}=1\mathrm{kW}\times1\mathrm{h}=1000\mathrm{W}\times3600\mathrm{s}=3.6\times10^6\mathrm{J}$$

我们常说用了多少"度"电，就是指消耗了多少千瓦时的电能。

练一练

如图 1.1.1 所示，$U_1=2V$，$U_2=-4V$，$U_3=3V$，$I=2A$，求各电路元件吸收或发出的功率 P_1、P_2、P_3，并求整段电路的功率 P。设吸收功率为正，发出功率为负，则整段电路的功率 P 如何计算？

图 1.1.1　练一练题图 1

学习任务 3　电路工作状态判定

电路的工作状态有几种？其特点是什么？请将答案写在表 1.1.4 中。

表 1.1.4　电路工作状态

工作状态	状态描述	现象与特点
通路	电路接通	
断路	电路一处或多处断开	
短路	导线未经用电设备（负载），直接将电源正负极相连	

为了避免短路现象，通常采取什么保护措施？在汽车电路中，这种保护措施装置一般设置在什么位置？

_____

_____

_____

_____

_____

知识链接

汽车电路的单线制

为了减少汽车蓄电池电缆端子在车架车身连接处的电化学腐蚀和便于汽车电气设备的安装、使用和维修，电源和电器之间通常只用一根导线连接，另一根导线用车体的金属部分代替而构成回路，这种连接方式被称为单线制。由于负极搭铁法（也称为接地法）具有对电子元器件干扰少、对车架及车身电化学腐蚀小、连接牢固等优点，因此现在负极搭铁法在汽车上得到了广泛应用。

学习任务 4　基尔霍夫定律及其验证

基尔霍夫定律由德国物理学家古斯塔夫·罗伯特·基尔霍夫（Gustav Robert Kirchhoff，1824—1887 年）提出，它的基本内容是什么？能解决什么问题？请回答表 1.1.5 和表 1.1.6 中的问题。

表 1.1.5　基本概念

名　词	定　义	数　量	电　路　图
支路	电路中的每个分支被称为支路，流经支路的电流称为支路电流	支路有＿＿＿＿	
节点	电路中三条及三条以上支路的连接点被称为节点	节点有＿＿＿＿	
回路	电路中的任一闭合路径被称为回路	回路有＿＿＿＿	
网孔	电路内部不含有任何支路的回路被称为网孔	网孔有＿＿＿＿	

表 1.1.6　基尔霍夫定律

名　词	定　义	数　量	结　论
基尔霍夫电流定律（Kirchhoff Current Law，KCL）	在任一瞬时，流入某一节点的电流之和应等于流出该节点的电流之和	节点 a： 节点 b：	一般来说，当电路中有 n 个节点时，独立节点有＿＿＿＿个
基尔霍夫电压定律（Kirchhoff Voltage Law，KVL）	在任一瞬时，从电路中任一点出发，沿任一闭合回路绕行一周，在绕行方向（逆时针或顺时针方向）上，电位降之和应等于电位升之和，即电位的变化等于零	回路 $abca$：＿＿＿ 回路 $abda$：＿＿＿ 回路 $adbca$：＿＿＿	基尔霍夫电压定律还可表述为，在任一瞬时，沿任一回路绕行一周，回路中各段电压的代数和恒等于零

小提示

（1）基尔霍夫电流定律不仅可以应用于节点，还可以应用于电路中任一假设的闭合面，即在任一瞬时，通过任一闭合面的电流的代数和也恒等于零，这种假设的闭合面被称为广义节点。如图 1.1.2 所示，虚线框内的闭合面有三个节点 a、b、c，应用基尔霍夫电流定律有 $I_1 - I_2 + I_3 = 0$。

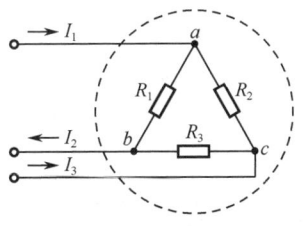

图 1.1.2　小提示图 1

（2）基尔霍夫电压定律不仅可以应用于闭合回路，还可以应用于开口回路，如图1.1.3所示电路，应用基尔霍夫电压定律有 $U_S - IR - U = 0$。

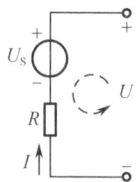

图1.1.3　小提示图2

（3）在应用基尔霍夫电流定律时，必须先假定各支路电流的参考方向，再列电流方程并求解，根据计算结果确定电流的实际方向。如果指定流入节点的电流为正（或负），则流出节点的电流为负（或正）。

（4）在应用基尔霍夫电压定律时，必须先假定闭合回路中各电路元件的电压参考方向和回路的绕行方向，当两者的假定方向一致时，电压取"+"号；反之，电压取"−"号。

（5）基尔霍夫电压定律不仅适用于闭合的回路，而且适用于任何假想的回路。

练一练

如图1.1.4所示，已知 U_{S1}=23V，U_{S2}=6V，R_1=10Ω，R_2=8Ω，R_3=5Ω，R_4=R_6=1Ω，R_5=4Ω，R_7=20Ω，试求电流 I_{ab} 及电压 U_{cd}。

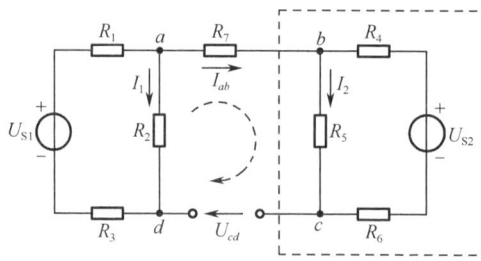

图1.1.4　练一练题图2

名人介绍

基尔霍夫（1824—1887年）出生于柯尼斯堡（见图1.1.5），在柯尼斯堡大学学习物理，1847年毕业后去柏林大学任教，1854年由化学家本生推荐任海德堡大学教授，1875年回到柏林大学任理论物理教授，直至逝世。

图 1.1.5 基尔霍夫

1845 年，仅 21 岁的基尔霍夫在其发表的第一篇论文中就提出了适用于复杂电路计算的两个定律，即著名的基尔霍夫电流定律和基尔霍夫电压定律。虽然基尔霍夫定律本质上是欧姆定律的推广应用，但作为一个年轻的学生能把它完整地归纳和推导出来，确实显现了他不同寻常的毅力和数学思维水平，因此他被人们称为"电路求解大师"。

1850 年，在柏林大学执教的基尔霍夫发表了关于板的重要论文《弹性圆板的平衡与运动》。1860 年，基尔霍夫做了用灯焰烧灼食盐的实验，在对这一实验现象的研究过程中，得出了关于热辐射的定律。1862 年，他进一步得出绝对黑体的概念。基尔霍夫在海德堡大学期间还制成了光谱仪，与化学家本生合作创立了光谱化学分析法。

模块 1　直流电路分析与应用

任务实施

（1）实施基尔霍夫定律验证电路搭建。

① 选取元件及材料。

② 检查元件。

③ 按照方案搭建电路。

（2）电路搭建与测量的一般步骤。

① 各组互相检查所搭建电路的完整性。

② 自检，通电测量。

③ 根据电路图测量各元件两端电压。

④ 根据电路图测量各支路电流。

实施工单如表 1.1.7 所示。

表 1.1.7　实施工单

实 施 工 单					
电　路　图					元件选用及规格
（电路图：$R_1=120\Omega$，$R_2=120\Omega$，$R_3=120\Omega$，U_{S1}，U_{S2}，I_1，I_2，I_3，U_1，U_2，U_3）					电阻： 电源： 其他元件：
参数（保留小数点后 2 位）		第一次 测量值	第二次 测量值	第三次 测量值	均值	验证结果
电压/V	U_1					
	U_2					
	U_3					
	U_{S1}					
	U_{S2}					
电流/mA	I_1					
	I_2					
	I_3					

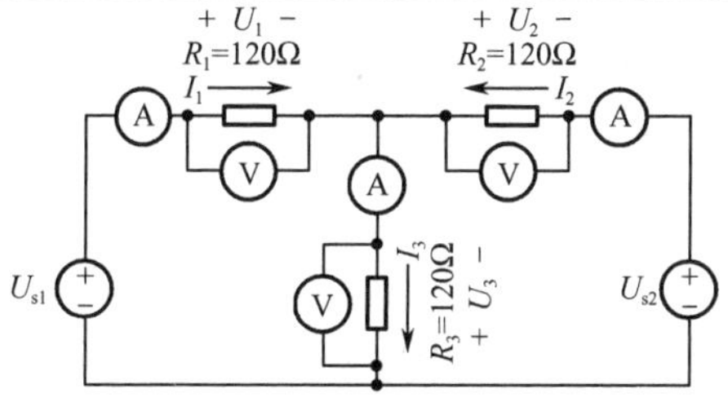

评价反馈

（1）检查训练任务的标准：真实、完整、有效。

（2）按各学习活动进行自评或互评。

评价反馈表如表 1.1.8 所示。

表1.1.8 评价反馈表

评价指标	考核指标	自评	互评	师评	均分	总评
任务完成情况（40分）	安全操作与规范（10分）					
	完成任务过程情况（5分）					
	完成任务质量（5分）					
	成员在小组任务中的作用（5分）					
	引导问题填写（5分）					
	关键操作要领掌握（5分）					
	作品分享（5分）					
专业知识（30分）	电路设计、搭建与模型转化（10分）					
	基本物理量及关联参考方向（5分）					
	工作状态及特点（5分）					
	基尔霍夫定律原理与验证（10分）					
职业素养（30分）	学习态度：积极主动、参与学习、创新思维（10分）					
	团队合作：沟通协作、参与讨论（10分）					
	现场管理：工位安排、5S管理、环保节能（10分）					
综合评价等级						

知识拓展

（1）色环电阻。

色环电阻（见图1.1.6）是在电阻表面涂上一定颜色的色环，来代表这个电阻的阻值。色环电阻现在应用还是很广泛的，如在家用电器、电子仪表、电子设备中常常可以见到。其类型有碳膜电阻、金属膜电阻、金属氧化膜电阻、绕线电阻等。由于色环电阻比较大，不适合现代高度集成的性能要求。

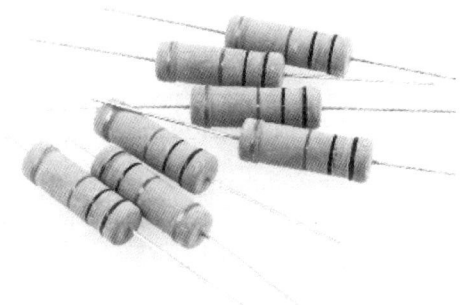

图1.1.6　色环电阻

（2）数字万用表。

数字万用表（见图1.1.7）是一种多用途电子测量仪器，一般包含安培表、电压表、欧姆表等功能，其内部一般都有保护电路。

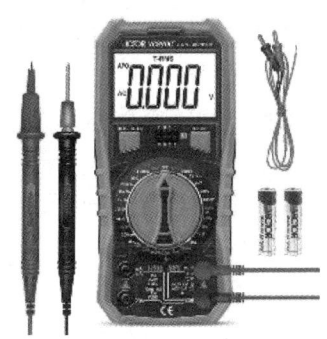

图 1.1.7　数字万用表

（3）面包板。

面包板（见图 1.1.8）的得名可以追溯到真空管电路的年代，当时的电子元器件大都体积较大，人们通常通过螺丝和钉子将它们固定在一块切面包用的木板上，后来电子元器件体积越来越小，但面包板的名称沿用了下来。面包板上有很多小插孔，专为电子电路的无焊接实验设计制造。由于各种电子元器件可根据需要随意插入或拔出，免去了焊接，节省了电路的组装时间，而且电子元器件可以重复使用。整板使用热固性酚醛树脂制造，板底有金属条，在板上对应位置打孔使电子元器件插入孔中时能够与金属条接触，从而达到导电的目的。

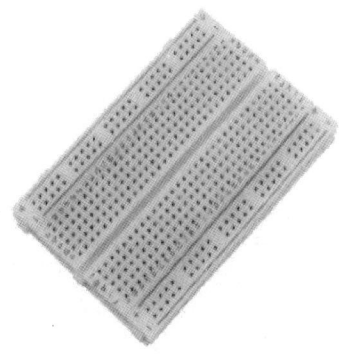

图 1.1.8　面包板

任务拓展

查询介绍汽车压力传感器与热线式空气流量计检测原理的相关资料，设计、搭建实物电路，运用本项目所学知识验证输出参数的变化特点，掌握上述传感器的工作原理。同时，思考以下问题：当空气质量变差时，灰尘黏附在流量计的热丝上会产生什么后果？目前采取的措施是什么？

任务练习

（1）电工操作人员应严格按照操作规程进行作业。（　　）

（2）串联电路中，电流处处相等。（　　）

（3）几个电阻并联后的电阻等于各并联电阻的倒数和。（　　）

（4）基尔霍夫第一定律是节点电流定律，是用来证明电路上各电流之间关系的定律。（　）

（5）使用万用表测量电阻，每换一次欧姆挡都要进行欧姆调零。（　）

（6）电动势的方向（　　）。

A．从负极指向正极　　　　B．从正极指向负极　　　　C．与电压方向相同

（7）标有100Ω、4W和100Ω、36W的两个电阻串联，允许加的最高电压是（　　）V。

A．20　　　　　　　　　　B．40　　　　　　　　　　C．60

（8）用钳形电流表测量电流前，要把钳口开合几次，目的是（　　）。

A．消除剩余电流　　　　　B．消除剩磁　　　　　　　C．消除残余应力

（9）图1.1.9中三个元件代表电源或负载，电流和电压的参考方向如图中所示，已知：$I_1=-2A$，$I_2=3A$，$U=10V$。①计算各元件的功率，判断哪个元件是电源，哪个元件是负载。②电源发出的功率与负载取用的功率是否平衡？

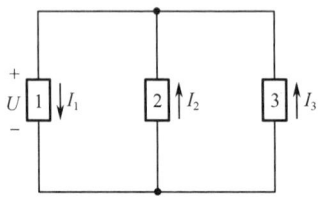

图1.1.9　题（9）图

（10）根据基尔霍夫定律，求图1.1.10所示电路中的电流I_1和I_2。

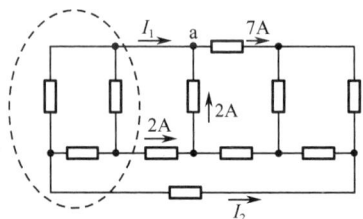

图1.1.10　题（10）图

模块 1　直流电路分析与应用

项目2 复杂电路分析方法

学习地图

对于简单电路,通过电阻串并联的关系即可求解。不能用电阻串并联等效变换化简的电路被称为复杂电路。对于复杂电路,必须通过一定的分析方法,才能得出结果。本项目学习电流源的等效变换、支路电流法及其验证、叠加原理及其验证、戴维南定理及其验证等常用的电路分析方法。这些方法对于交流电路及所有其他电路都是适用的。

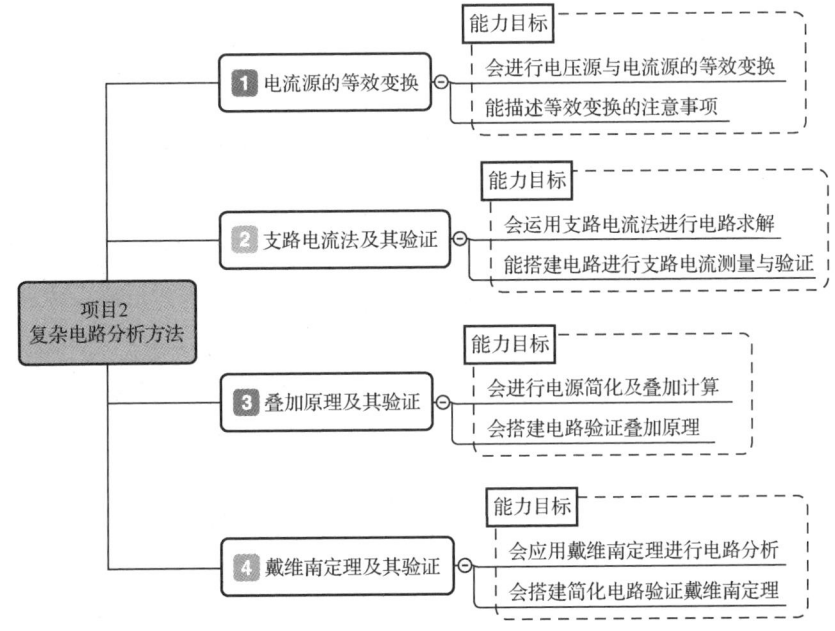

任务引入

现在汽车中一般含有两个以上电源,针对含有多个电源的直流电路计算与分析需要用到复杂电路分析的相关方法,通过本项目的学习可以掌握复杂电路的分析方法,完成支路电流法、叠加原理、戴维南定理电路的搭建与验证,为汽车电路的综合性能检测与分析做准备。

学习任务 1 电流源的等效变换

一个电源可以用两种不同的电路模型来表示。一种是用电压的形式来表示，称为**电压源**；另一种是用电流的形式来表示，称为**电流源**。这两种表示方法是可以进行等效变换的，将电路中的电压源和电流源进行适当的等效变换，可以使电路的分析计算得到简化。它们是怎么被定义的？又是如何进行等效变换的呢？请阅读表 1.2.1 中的内容，并回答问题。

表 1.2.1 电源的等效变换

电路模型	特　　点	等效变换
(电压源电路图)	将任何一个电源看成由内阻 R_S 和电动势 U_S 串联的电路，简称_____。电压源能向负载提供确定的电压。 当电压源的源电压 U_S 和内阻 R_S 为定值时，负载的电压 $U=$_____。 如果内阻 $R_S=0$，那么这样的电源被称为理想电压源，又被称为_____	将某一电路用与其等效的电路替换的过程被称为等效变换。等效变换条件为_____
(电流源电路图)	对于任何一个电源，也可以看成由内阻 R_S 和电流 I_S 并联的电路，简称_____。 电流源能向负载提供确定的电流，$I=$_____。 如果电流源的内阻 $R_S=\infty$，那么这种电流源被称为理想电流源，又被称为_____	当两者满足以上关系，且电压源的内阻等于电流源的内阻时，这两种电源可以互换

小提示

（1）理想的电压源是不存在的。但是，如果一个电压源的内阻 R_S 比负载电阻 R_L 小很多时，端电压 $U \approx U_S$，则可以认为是_____。例如，大功率供电网、干电池、蓄电池、直流稳压电源等，其内阻一般都很小，可把它们作为理想的电压源。

（2）与理想电压源一样，理想电流源实际上也是不存在的。但是，如果一个电流源的内阻 R_S 比负载电阻 R_L 大得多，即 $I \approx I_S$，则可以认为是_____。例如，光电池和工作在线性区的三极管都可近似看成理想电流源。

（3）电源的两种等效电路互相变换时，要注意以下几点。

① 电压源和电流源的_____要一致，即电流源流出电流的一端应与电压源的正极相对应。

② "等效"是指它们对_____电路等效，电源内部电路不等效。

③ 理想电压源与理想电流源之间_____等效变换。因为理想电压源的内阻 $R_S=0$，而理想电流源的内阻 $R_S=\infty$，两者不满足等效变换条件。

④ 等效变换时，不一定仅限于电源的内阻。只要在恒压源电路上串联电阻，或者在恒流源的两端并联电阻，则两者均可进行等效变换。

电压源与电流源的等效变换非常简便，它可以使一些复杂电路的计算简化，是一种很实用的电路变换方法。

练一练

如图 1.2.1 所示，已知 $U_{S1} = 24V$，$R_{01} = 4\Omega$，$U_{S2} = 30V$，$R_{02} = 6\Omega$，试计算其等效电压源的电压 U_S 和内阻 R_0。

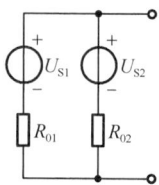

图 1.2.1　练一练题图 1

学习任务 2　支路电流法及其验证

支路电流法是分析计算复杂电路的一种最基本的方法，它是以支路电流为未知量，根据基尔霍夫电流定律和基尔霍夫电压定律分别对节点和回路列出所需要的方程，而后联立方程，解出支路电流的方法。

在图 1.2.2 所示电路中，节点数 $n=$____，支路数 $m=$____，故共需要列出____个独立方程来求解三条支路上的电流。图中画出了电动势和电流的参考方向，回路绕行方向为顺时针方向。

因电路中的独立节点只有一个，故只对任意一个节点应用基尔霍夫电流定律即可，对节点 a 有_____，又因共需要三个独立方程才能求解，所以，需要应用基尔霍夫电压定律列出其余两个方程，通常可用独立回路（网孔）列出。对回路 $abca$ 和 $abda$ 有_____、_____。

联立以上所填的三个公式，即可求出支路电流 I_1、I_2 和 I_3。

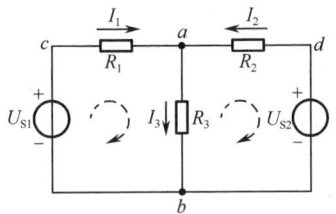

图 1.2.2　学习任务 2 图

通过上述分析可知，应用支路电流法求解的步骤（假设电路中有 n 个节点，b 条支路）如下。

（1）标定各支路电流的_____方向及回路_____方向。

（2）应用基尔霍夫电流定律列出_____个节点电流方程。

（3）应用基尔霍夫电压定律列出_____个回路电压方程，通常选择独立回路。

（4）联立方程，求解各支路电流。

练一练

电路中各参数如图1.2.3所示，试求电路中的U_1和I_2。

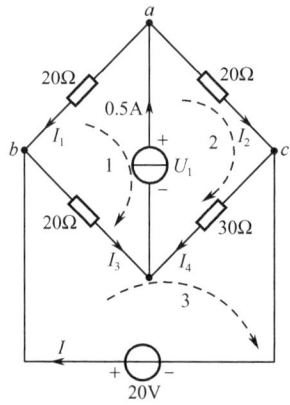

图1.2.3　练一练题图2

模块1 直流电路分析与应用

学习任务3 叠加原理及其验证

在线性电路中,任一支路的电流(或电压)可以看成电路中每个独立电源单独作用于电路时,在该支路产生的电流(或电压)的代数和(叠加)。线性电路的这种叠加性被称为**叠加原理**。

应用叠加原理求解电路的步骤如下。

(1)把原电路分解为每个电源_____作用的分电路,标定每个电路电流和电压的_____方向。

(2)计算每个分电路中相应支路的分电流和分电压。

(3)将电流和电压的分量进行_____,求出原电路中各支路的电流和电压。

小提示

使用叠加原理时,应注意以下几点。

(1)叠加原理只适用于线性电路,不适用于非线性电路。

(2)线性电路中的电流和电压均可用叠加原理计算,但**功率不能用叠加原理计算**。

(3)考虑每个电源单独作用时,应**保持电路结构**不变,并将其他电源视为零值,即**电压源用短路替代,电流源用开路替代**,但实际电源的内阻必须保留在原处。

(4)叠加时,应注意各分电路电流和电压的参考方向与原电路电流和电压的参考方向是否一致,一致时取正号,不一致时取负号。

练一练

如图 1.2.4 所示,已知 $U_S = 6V$,$I_S = 3A$,$R_1 = 2\Omega$,$R_2 = 4\Omega$,试用叠加原理求电路的各支路电流,并计算 R_2 上消耗的功率。

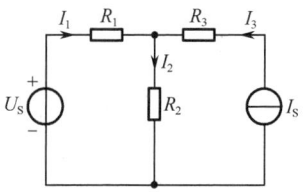

图 1.2.4 练一练题图 3

学习任务 4　戴维南定理及其验证

电路中任何一个具有两个出线端与外电路相连接的网络都被称为_____。二端网络可分为_____二端网络和_____二端网络。其中，有源二端网络中_____（含有/不含）电源，如图 1.2.5（a）所示；无源二端网络中_____（含有/不含）电源，如图 1.2.5（b）所示。

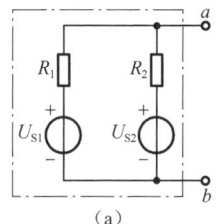
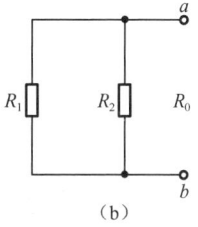

图 1.2.5　二端网络

戴维南定理：任何一个线性有源二端网络，对于外电路来说，都可用一个电压源和电阻串联的电路模型来等效代替，如图 1.2.6 所示，该电压源的电压 U_0 等于有源二端网络的开路电压 U，电阻等于有源二端网络内部所有电源都不起作用（电压源短路，电流源开路）时，所得到的无源二端网络的等效电阻 R。

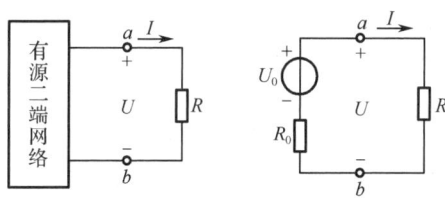

图 1.2.6　有源二端网络的等效电路

应用戴维南定理求解电路的步骤如下。

（1）把_____从电路中断开，其余部分即形成一个有源二端网络，求其等效电路的_____和_____。

（2）用此等效电路代替原电路中的_____，求出待求支路的电流。

练一练

如图 1.2.7 所示，已知 $U_{s1}=140V$，$U_{s2}=90V$，$R_1=20\Omega$，$R_2=5\Omega$，$R_3=6\Omega$，试用戴维南定理求支路电流 I_3。

戴维南定理实验

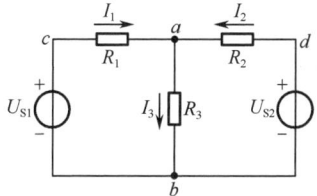

图 1.2.7　练一练题图 4

知识链接

关于线性有源二端网络可以等效成一个简单的线性时不变有源二端网络的定理，由戴维南于1883年提出。1853年，亥姆霍兹也提出过该理论，故该理论又称为亥姆霍兹-戴维南定理，有时也译为戴维南定理。

戴维南（见图1.2.8）出生于法国莫城，1876年毕业于巴黎综合理工学院。1878年，他加入了法国电信工程军团，最初的任务为架设地底远距离通信电报线。1882年，戴维南成了法国综合高等学院的讲师，这让他对电路测量问题有了浓厚的兴趣。在研究了基尔霍夫定律和欧姆定律后，他发现了著名的戴维南定理，用于计算更为复杂电路上的电流。此外，在担任法国综合高等学院电信学院的院长后，他也常在校外教授其他的学科，如在国立巴黎农学院教机械学。1896年，他被聘为法国电信工程学校的校长，随后在1901年成了法国电信工坊的首席工程师。

图1.2.8　戴维南

任务实施

(1) 实施叠加原理验证电路搭建。
① 选取元件及材料。
② 检查元件。
③ 按照方案搭建电路。
(2) 电路搭建与测量的一般步骤。
① 各组互相检查所搭建电路的完整性。
② 自检,通电测量。
③ 根据电路图,测量各元件两端电压。
④ 根据电路图,测量各支路电流。
实施工单如表 1.2.2 所示。

U_{S1} 单独作用实验 U_{S2} 单独作用实验

表 1.2.2　实施工单

实 施 工 单							
元件选用及规格	电阻： 电源： 其他元件：						
参数			第一次测量值	第二次测量值	第三次测量值	均值	验证结果
电压/V	U_{S1} 单独作用	U'_1					
		U'_2					
		U'_3					
	U_{S2} 单独作用	U''_1					
		U''_2					
		U''_3					
电流/mA	U_{S1} 单独作用	I'_1					
		I'_2					
		I'_3					
	U_{S2} 单独作用	I''_1					
		I''_2					
		I''_3					

评价反馈

(1) 检查训练任务的标准：真实、完整、有效。
(2) 按各学习活动进行自评或互评。
评价反馈表如表 1.2.3 所示。

表 1.2.3 评价反馈表

评价指标	考核指标	自评	互评	师评	均分	总评
任务完成情况（40分）	安全操作与规范（10分）					
	完成任务过程情况（5分）					
	完成任务质量（5分）					
	成员在小组任务中的作用（5分）					
	引导问题填写（5分）					
	关键操作要领掌握（5分）					
	作品分享（5分）					
专业知识（30分）	电路设计、搭建与模型转化（10分）					
	基本物理量及关联参考方向（5分）					
	工作状态及特点（5分）					
	叠加原理与验证（10分）					
职业素养（30分）	学习态度：积极主动、参与学习、创新思维（10分）					
	团队合作：沟通协作、参与讨论（10分）					
	现场管理：工位安排、5S管理、环保节能（10分）					
综合评价等级						

任务拓展

查询介绍大众汽车油量检测/节气门位置/加速踏板位置传感器电路的相关资料，完成电路模型转化，运用本项目所学知识进行电路参数测量，掌握一种复杂电路分析方法。

任务练习

（1）应用等效电源的变换，化简图 1.2.9 所示的各电路。

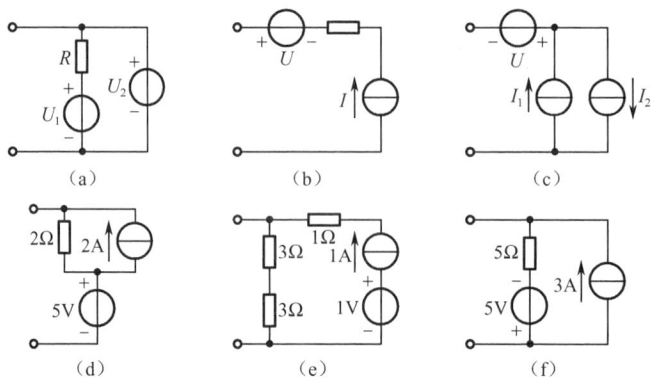

图 1.2.9 题（1）图

（2）用支路电流法求图 1.2.10 所示电路中的未知支路电流。

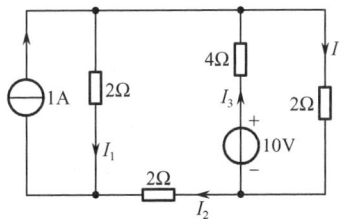

图 1.2.10　题（2）图

（3）图 1.2.11 中，已知 $I_s=10\text{A}$，$R_2=R_3$，当 S 断开时，$I_1'=2\text{A}$，$I_2'=4\text{A}$，利用叠加原理求 S 闭合后的电流 I_1、I_2、I_3。

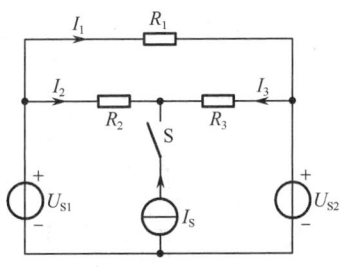

图 1.2.11　题（3）图

(4) 图 1.2.12 中,已知 $U_s = 20V$,$I_s = 10A$,$R_1 = 6\Omega$,$R_2 = 4\Omega$,$R_3 = 4\Omega$,$R_4 = 6\Omega$,试用戴维南定理求 R_4 上的电压 U。

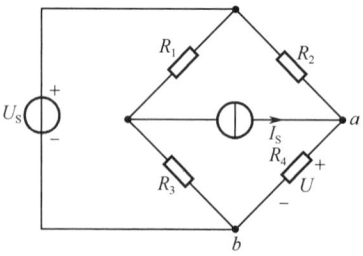

图 1.2.12 题(4)图

(5) 电路如图 1.2.13 所示,试用戴维南定理求电流 I。

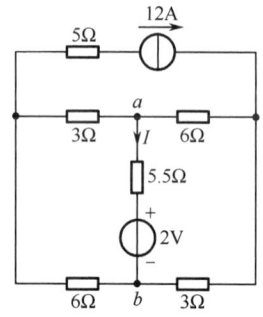

图 1.2.13 题(5)图

模块1 直流电路分析与应用

项目 3　直流电动机与调速

学习地图

从 1831 年英国的法拉第建立电动机的实验室模型起,世界电动机工业迄今已有 190 多年的历史。我国电动机工业从 1905 年开始有了自己制造的首台实验电动机,距今也逾百年历程。直流电动机具有原理简单、调速性能好、启动力矩大的优点,可以在重负载条件下实现均匀、平滑的无级调速,且调速范围宽。通过本项目学习了解直流电动机在汽车上的应用,掌握相关的工作原理及其调速方法,为后续汽车电气课程的学习做准备。

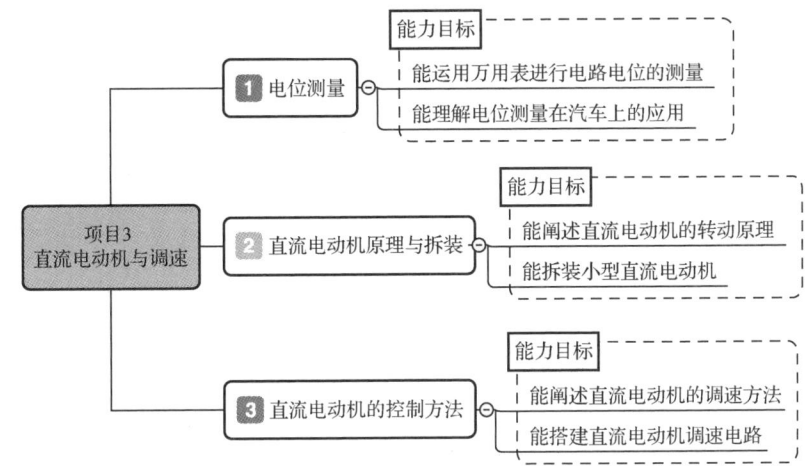

任务引入

汽车上直流电动机的应用非常广泛,通过本项目的学习能够掌握直流电动机的原理及其控制方法,完成直流电动机调速电路的设计与实验验证,为汽车电路中涉及电动机的检测与分析做准备。

学习任务 1　电位测量

发动机的起动是借助外力将曲轴由静止状态过渡到能自由运转的过程，这个外力是由起动机提供的。起动机的动力核心是一台直流电动机，电力由蓄电池供应，通过起动机上的起动齿轮带动发动机飞轮与曲轴旋转，实现汽车的起动。

直流电动机利用磁场的相互作用将电能转化成机械能，在磁场内通电导线受到磁场的作用会产生运动。

1. 车用直流电动机的结构类型与基本原理

直流电动机的基本结构是由_____、_____和_____（端盖、轴承等）三大部分组成的。一台车用电磁式直流电动机的结构示意图如图 1.3.1 所示。

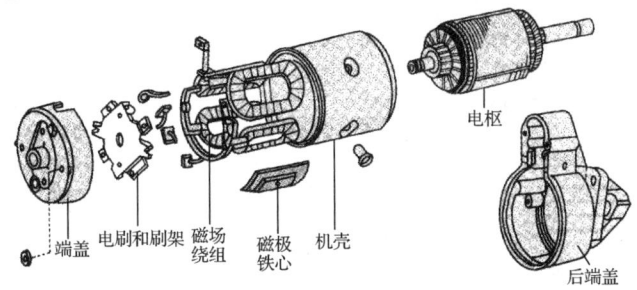

图 1.3.1　一台车用电磁式直流电动机的结构示意图

车用有刷直流电动机的基本工作原理是怎样的呢？请完成表 1.3.1 所示的学习任务。

表 1.3.1　车用有刷直流电动机的基本工作原理及结构特征

工作原理	在导体 ab 中，电流由____流向____；在导体 cd 中，电流由____流向____；导体 ab 和 cd 均处于磁场中。根据_____定则，每根有效导体受到_____的作用。这对电磁力形成一个电磁转矩，电磁转矩的方向为_____时针方向，使得整个电枢按逆时针方向旋转。磁极 N 和 S 形成一对磁极，线圈 abcd 的两端分别接到相互_____的换向片上。蓄电池通过与换向片滑动接触的电刷 A 和电刷 B 为线圈提供电枢电流。 当电枢旋转 180°时，导体 cd 转到 N 极上，导体 ab 转到 S 极上，在换向器的作用下，使导体 cd 中的电流方向变为由____流向____，而导体 ab 中的电流由____流向____，用左手定则可判别，电磁转矩的方向仍是____时针方向。 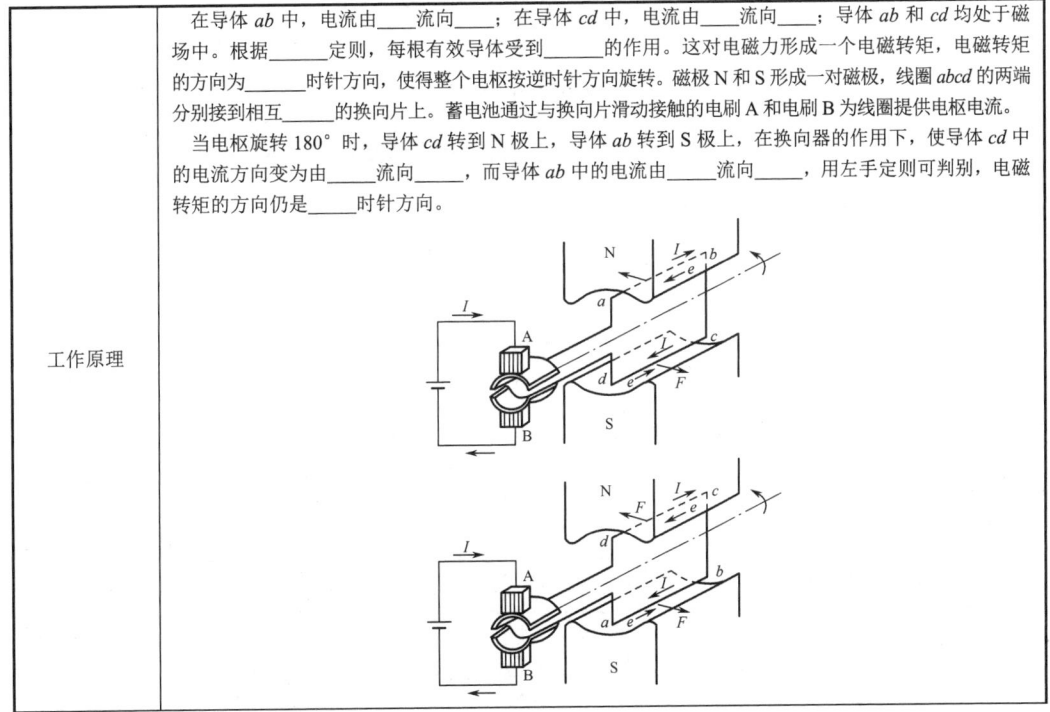

续表

结构特征	电源的正负极通过_____引入换相器，通过向_____通电产生磁场。 实际的直流电动机，电枢四周上均匀地嵌着_____，相应的换向器由许多_____组成，使电枢线圈产生的总电磁转矩足够大且比较均匀，电动机的转速也比较均匀

2．直流电动机分类

不同励磁方式的直流电动机有着不同的特性。

（1）他励直流电动机：由其他直流电源对励磁绕组供电的直流电动机被称为他励直流电动机。励磁绕组与电枢绕组无连接关系，永磁直流电动机也可看成他励直流电动机。

（2）并励直流电动机：其励磁绕组与电枢绕组并联，共用同一电源，从性能上来讲，它与他励直流电动机相同。其转速基本恒定，一般用于转速变化较小的负载。

（3）串励直流电动机：其励磁绕组与电枢绕组串联后，再接于直流电源上。这种直流电动机的励磁电流就是电枢电流。串励直流电动机起动和过载能力大，转速随负载变化明显。

（4）复励直流电动机：其有并励绕组和串励绕组两个励磁绕组。以并励绕组为主的复励直流电动机具有较大转矩，转速变化不大，多用于机床等；以串励绕组为主的复励直流电动机具有接近串励直流电动机的特性。

3．常用车用直流电动机的选择

常用车用直流电动机的选择如表 1.3.2 所示。

表 1.3.2　常用车用直流电动机的选择

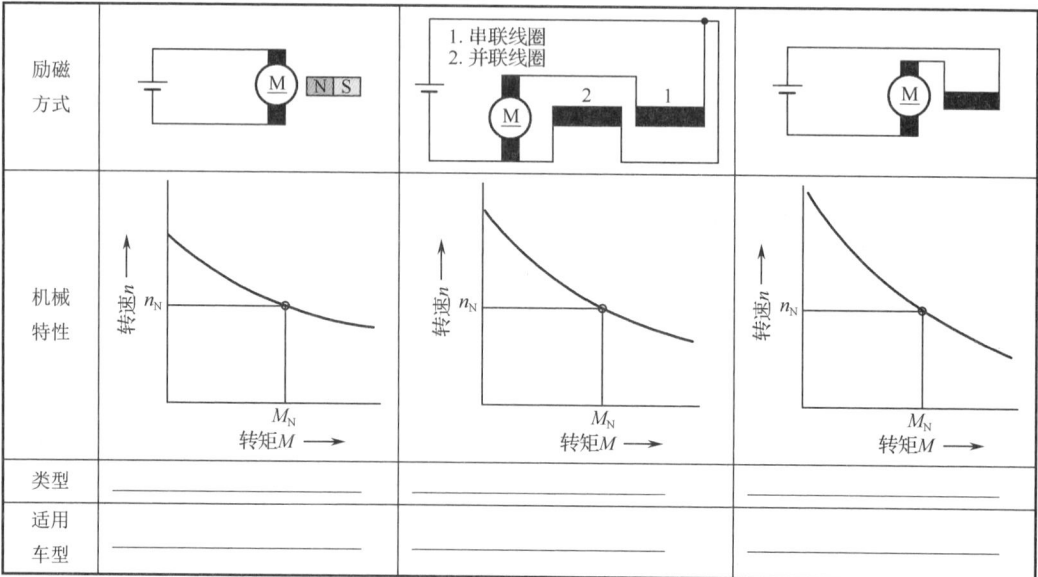

学习任务 2　直流电动机原理与拆装

汽车起动机一般采用串励直流电动机。串励直流电动机是如何运行及控制的呢？下面一起来学习相关知识。

1. 串励直流电动机的运行

串励直流电动机的等效电路如图 1.3.2 所示，其特点是_____与_____串联，励磁电流 I_f 与电枢电流 I_a 相等，有 $U = E_a + I_a(R_s + R_a + R_f)$，式中 R_a 为电枢电阻，R_f 为励磁绕组电阻，R_s 为起动可调电阻。

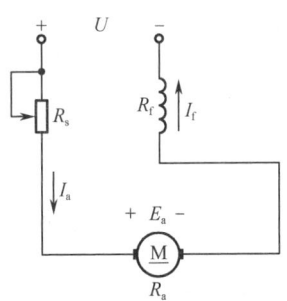

图 1.3.2　串励直流电动机的等效电路

电动机的电磁转矩 T 取决于磁通 Φ 与电枢电流 I_a 的乘积，可用式 $T = C_T \Phi I_a$ 表示，其中 C_T 为电动机转矩常数。

串励直流电动机磁路不饱和的机械特性的一般表达式为 $n = U/C_e\Phi - RT/C_eC_T\Phi^2$，式中 C_e 为电动势常数。

由以上分析可知，当电压不变时，大的起动电流可以产生大的起动_____，而转速_____（下降/上升）很快。如果____很小，那么转矩的减小会使得转速很快_____（增加/减少），因此串励直流电动机不适合在_____或_____状态下工作。

2. 串励直流电动机的起动、调速、正反转与制动

（1）起动。

① 直接起动：其操作方便，但____大。一般只有功率不大于 4kW、起动电流是额定电流的 6～8 倍的直流电动机才适用直接起动。

② 电枢回路串联电阻起动：电枢回路上串联电阻起动，以限制起动电流。起动电阻一般为_____电阻，在起动过程中逐级切除电阻，适用于中小型直流电动机。

③ 降压起动：用单独的电源供电，用降低_____的方法来限制起动电流，适用于经常起动的直流电动机和他励大中型直流电动机。

（2）调速。

通过改变定子主磁极磁通 Φ、电枢电阻 R_a 和电枢电压 U 来进行调速。

改变定子主磁极磁通调速的优点：调速平滑，可以做到_____调速；调速经济，控制方便；机械特性较硬，稳定性较好。但由于电动机在额定状态运行时磁路已接近饱和，所以通常只是减小磁通将转速往上调，调速范围较小。

改变电枢电压调速的优点：不改变电动机机械特性的硬度，稳定性好，控制灵活、方便，可实现无级调速；调速范围较宽，可达到额定电压的6~10倍。但电枢绕组需要一个单独的_____电源，设备较复杂。

改变电枢电阻调速的优点：方法简单、方便。但调速范围_____，机械特性变软，且电动机的损耗增多，因此只适用于调速范围要求不大的中、小容量直流电动机的调速场合。

（3）反转。

改变_____或_____的接线极性，反转时机械特性与正转时机械特性相同。

（4）制动。

直流电动机的制动有_____制动、____制动和_____制动三种。

知识链接

汽车电器中典型的直流电动机有以下几种。

（1）雨刮电动机：大多是永磁直流电动机，为了满足刮水器的要求，实现高、低速挡位工作，一般采用三刷式电动机。不同的挡位对应电动机内电枢线圈中产生反向电动势的变化。

（2）空调鼓风电动机：一般采用永磁式单速电动机，通过控制调速电阻来控制电动机转速。电阻阻值的变化改变了鼓风电动机的工作电压，工作电压越高，转速越高。

（3）车窗电动机：一般采用永磁直流电动机，通过改变电枢电流的方向来改变电动机的旋转方向，使车窗玻璃上升或下降。在开关的控制下，可以带动部件实现两个方向的运动。此类双向永磁直流电动机也被利用到电动后视镜、电动座椅、电动天窗等系统的电路中。

练一练

一台车用起动机在12 V电压下工作时具有2.8kW的功率，已知汽车在起动时主电路的最大压降一般不超过$U_a = 0.5V$，如起动机铜质主导线长3.5m，请计算起动机的短路电流，并判断选用横截面积为25mm^{2}的导线是否满足要求。

学习任务 3 直流电动机的控制方法

物体处在不同的高度，具有不同的位能（势能），相对高度越大，位能就越大。水总是从高的地方流向低的地方，也就是从高水位流向低水位，水位高的地方位能大，水位低的地方位能小。电也是如此，电荷在电路中各点所具有的能量一般也是不等的，把单位正电荷在某点所具有的能量称为该点的电位。正电荷是从高电位流向低电位，而负电荷是从低电位流向高电位。在进行汽车电路分析和检测时，常需要测量电路中某点的电位，再根据测量值与理论值相比较来判断电路故障。

电路分析中引入电位的作用是什么？电路中电位测量的前提是什么？怎么测量？请阅读表 1.3.3 所示的内容并回答其中的问题。

表 1.3.3 电位及其计算

		用电位表示的电路简化
参考点	计算电路中某点的电位，首先要确定一个_____，作为零参考点，用符号_____表示。参考点的选择可以是任意的，但一经选定，在分析和计算过程中就不能再改动	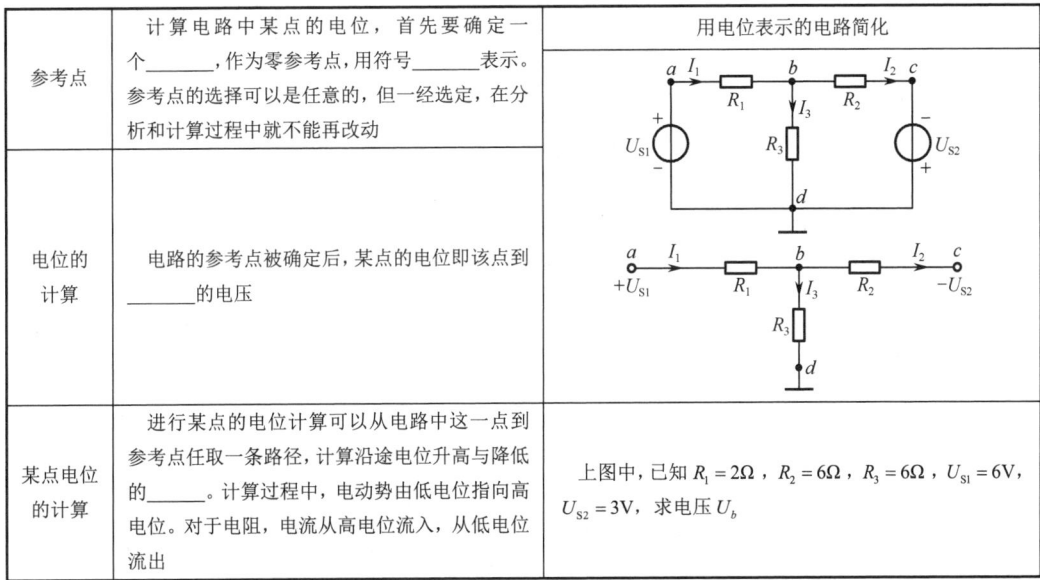
电位的计算	电路的参考点被确定后，某点的电位即该点到_____的电压	
某点电位的计算	进行某点的电位计算可以从电路中这一点到参考点任一条路径，计算沿途电位升高与降低的_____。计算过程中，电动势由低电位指向高电位。对于电阻，电流从高电位流入，从低电位流出	上图中，已知 $R_1=2\Omega$，$R_2=6\Omega$，$R_3=6\Omega$，$U_{S1}=6V$，$U_{S2}=3V$，求电压 U_b

做一做

（1）目的。通过实验学会测量直流电路各点的电位及两点间的电压，加深对电位和电压的理解，验证电位与电压之间的关系。

（2）准备。

① 工具准备：数字万用表等。

② 设备准备：3 个 120Ω 电阻，面包板，USB 电源，导线。

（3）操作步骤。

① 按照表格中的电路图连接电路。

② 分别以 a、d 点为参考点，测量其他各点的电位和各点之间的电压，将结果填入表 1.3.4。

（4）讨论测量结果和测量注意事项。

电位测量实验

表1.3.4 电位测量记录表

参考点		测量结果/V									
		V_a	V_b	V_c	V_d	U_{ab}	U_{bc}	U_{cd}	U_{da}	U_{bd}	U_{ac}
a点	理论										
	测量										
d点	理论										
	测量										

知识链接

汽车电路的电位

汽车电路中，电位是相对值，随参考点变化而变化；电压是电器两端电位差，为固定值，不会因参考点变化而变化。汽车电路中一般选择车身搭铁为零电位。

模块 1　直流电路分析与应用

任务实施

（1）各组按照制订的计划实施永磁直流电动机调速电路搭建。

① 选取元件及材料。

② 检查元件。

③ 按照方案搭建电路。

（2）电路搭建与测量的一般步骤。

① 各组互相检查所搭建电路的完整性。

② 自检，通电测试运行状况。

③ 根据电路原理图，测量各元件电位。

（3）拆装、测量车用直流电动机。

实施工单如表 1.3.5 所示。

表 1.3.5　实施工单

实 施 工 单										
电　路　图								元件选用及规格		
								电阻：		
								电源：		
								其他元件：		
电位 测量/V	参考点 1	测量值 1	测量值 2	均值	参考点 2	测量值 2	测量值 2	均值	结论	
电流 /mA	1 挡		2 挡		3 挡			结论		
	速度状态		速度状态		速度状态					
思考 1：还有哪些连接方式可以实现电动机的调速？											
思考 2：车用永磁直流电动机绕组如何测量？											

评价反馈

（1）检查训练任务的标准：真实、完整、有效。

（2）按各学习活动进行自评或互评。

评价反馈表如表 1.3.6 所示。

表 1.3.6 评价反馈表

评价指标	考核指标	自评	互评	师评	均分	总评
任务完成情况（40分）	安全操作与规范（10分）					
	完成任务过程情况（5分）					
	完成任务质量（5分）					
	成员在小组任务中的作用（5分）					
	引导问题填写（5分）					
	关键操作要领掌握（5分）					
	作品分享（5分）					
专业知识（30分）	电路设计、搭建与模型转化（10分）					
	电子元器件的正确选择（5分）					
	基本物理量及电位测量（5分）					
	鼓风电动机调速电路的测量（10分）					
职业素养（30分）	学习态度：积极主动、参与学习、创新思维（10分）					
	团队合作：沟通协作、参与讨论（10分）					
	现场管理：工位安排、5S管理、环保节能（10分）					
综合评价等级						

知识拓展

双速雨刮电动机为了满足要求，实现高、低速挡位工作，普遍采用三刷式电动机，其工作原理如图 1.3.3 所示。工作时，在电枢内的所有线圈中同时产生反向电动势，每个小线圈都产生相等的反向电动势。

当开关拨向"L"时，电源电压 U 加在 B_1 和 B_3 之间的两条支路上，一条是由线圈①、⑥、⑤串联起来的支路，另一条是由线圈②、③、④串联起来的支路，即电刷 B_1 和 B_3 之间有两条支路，各 3 个线圈。这两条支路线圈产生的全部反电动势与电源电压平衡后，电动机便稳定旋转。由于有 3 个线圈串联反电动势与电源电压平衡，故转速较低。

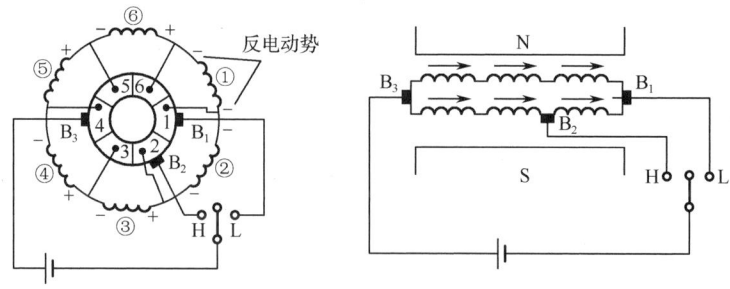

图 1.3.3 三刷式电动机工作原理

当开关拨向"H"时，电源电压加在 B_2 和 B_3 之间。电枢绕组一条由 4 个线圈②、①、⑥、⑤串联，另一条由 2 个线圈③、④串联。其中，线圈②的反电动势与线圈①、⑥、

⑤的反电动势方向相反,互相抵消后,变为只有两个线圈的反电动势与电源电压平衡,因而只有转速升高使反电动势增大,才能得到新的平衡,故此时转速较高。由此可见,两电刷之间起作用的线圈数减少,就会使电动机的转速升高,这就是三刷式电动机变速的原理。

任务拓展

查询汽车车窗电动机控制电路图,根据电路原理设计、搭建实物电路,运用本项目所学知识验证车窗升降功能的实现方法,掌握直流电动机原理及其在汽车中的应用。同时思考以下问题:车窗防夹功能是如何实现的?现在汽车车窗控制电路如何判断乘员操控车窗的意图?

任务练习

(1) 接地线是为了在已停电的设备和线路上意外出现电压时保证工作人员安全的重要工具,按规定接地线截面积必须在 25mm^2 以上。( )

(2) 载流导体在磁场中一定受到磁场力的作用。( )

(3) 右手定则是判定导体做切割磁力线运动时所产生的感生电流方向。( )

(4) 静电现象是很普遍的电现象,其危害不小,物体静电可达 200kV 以上,人体静电可达 10kV 以上。( )

(5) 过载是指线路中的电流大于线路的计算电流或允许载流量。( )

(6) 通电线圈产生的磁场方向不但与电流方向有关,而且与线圈( )有关。

A. 长度　　　　　B. 绕向　　　　　C. 体积

(7) 安培定则也称为( )。

A. 左右手定则　　B. 右手定则　　　C. 右手螺旋法则

(8) 感应电流的方向总是使感应电流的磁场阻碍引起感应电流磁通的变化,这一定律被称为( )。

A. 法拉第定律　　B. 特斯拉定律　　C. 楞次定律

(9) 直流电动机有哪些励磁方式?不同励磁方式的电动机如何实现反转?

（10）串励直流电动机有哪些特点？

模块 2　交流电路分析与应用

本模块不仅是电工技术的重点内容之一,也是学习电子技术的重要理论基础,通过学习掌握交流电的一些概念、方法,为后面的学习打下理论基础。

学习地图

工业生产和日常生活中被广泛使用的一般是交流电。正弦交流电是最常见的交流电,它产生简单,规律性强,因此被广泛使用。汽车发电机产生的是正弦交流电。本模块将引入交流电的基本概念、单相交流电路的特点、三相交流电路的星形和三角形连接,以及交流电路的基础知识及其在汽车上的一些应用。

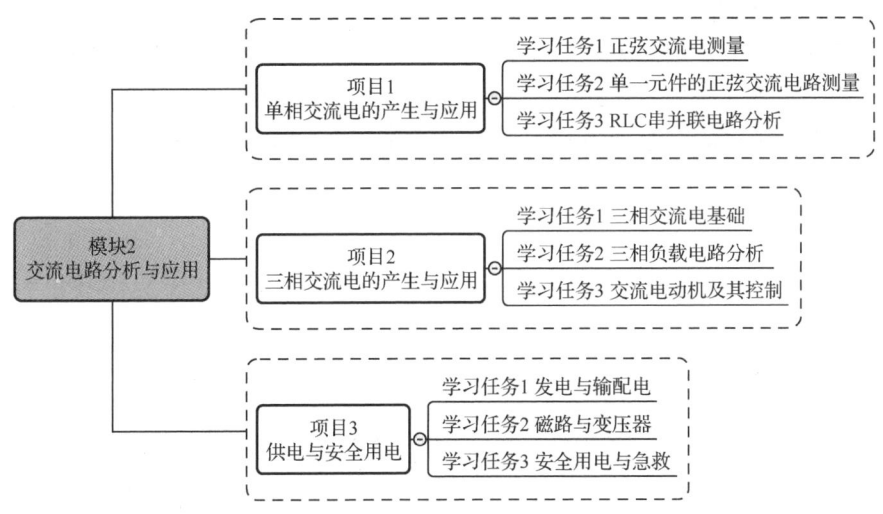

项目 1　单相交流电的产生与应用

学习地图

交流电在各领域都有很重要的应用,是电工电子技术中重要的学习内容之一。本项目从认识交流电的产生、正弦交流电的基本概念、单一元件正弦交流电路和 RLC 串并联电路等方面学习单相交流电的产生与应用,为日后学习三相交流电及交直流变换分析做准备。

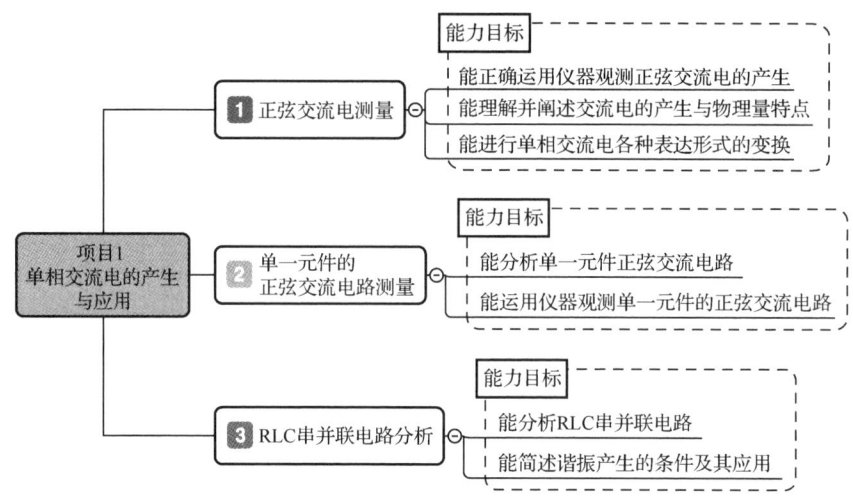

任务引入

日常生活中常见的电灯、电动机、汽车上发电机等用的都是交流电。由于交流电具有随时间变化的特点，因此会有一些不同于直流电的特性，在交流电路中增加了电容和电感等元件会使现象和规律更复杂。本项目就先从单相交流电产生开始，介绍交流电的特点和相关参数，再进一步讲解RLC串并联电路，为后面三相交流电的学习储备知识。

学习任务 1　正弦交流电测量

如图 2.1.1 所示，矩形线圈做切割磁力线运动，矩形线圈每旋转一圈，指针就左右摆动一次，伴随着矩形线圈的旋转产生了大小和方向周期性变化的电流，即产生了交流电。什么是正弦交流电呢？它的方向又是如何确定的呢？请阅读表 2.1.1 所示的内容并回答问题。

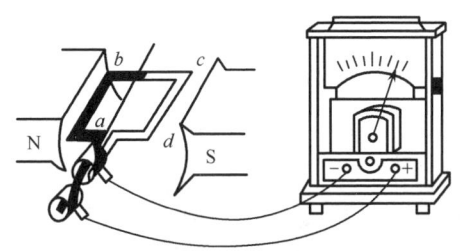

图 2.1.1　交流电的产生

表 2.1.1　基本概念及性质

概　念	波　形	数学表达式	方　向
正弦交流电是指____和____都随时间按_____规律做周期性变化的电流、电压或电动势	正弦波	$u = U_m \sin(\omega t + \varphi_u)$ $i = I_m \sin(\omega t + \varphi_i)$ $e = E_m \sin(\omega t + \varphi_e)$ 式中，U_m、I_m、E_m 是电压、电流、电动势的最大值，ω 是角频率，t 是时间，φ_i、φ_u、φ_e 分别是电流、电压、电动势的初相位	为便于分析计算，习惯上把正半周的方向作为其参考方向。当交流电在正半周时，参考方向与实际方向_____，因此交流电为_____，在负半周时，参考方向与实际方向_____，因此交流电为_____

正弦量除了上述的两种表示方法：_____和_____表达法，还有一种**相量表示法**。正弦量的瞬时值可以用一个旋转矢量在纵轴上的投影值来表示，如图 2.1.2 所示，正弦量用旋转的有向线段表示。长度与正弦量最大值相等的相量称为最大值相量，用 $\dot{I}_m$、$\dot{U}_m$、$\dot{E}_m$ 表示，长度与正弦量有效值相等的相量称为有效值相量，用 $\dot{U}$、$\dot{I}$、$\dot{E}$ 表示，这两种相量表示方法可在电路分析中合理选择。

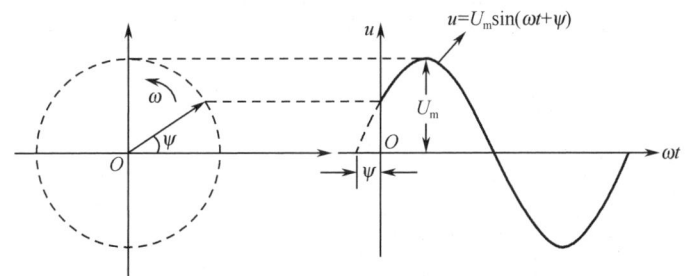

图 2.1.2　交流电压的相量表示法

相量在复平面上的图示称为_____。在相量图上可以形象地看出各个正弦量的_____和相互间的_____关系，如图 2.1.3 所示。显然，只有_____正弦量对应的相量才可以画在同一相量图上，不同频率正弦量对应的相量不能画在同一相量图上，相量图可以直观反映正弦量之间的相位关系。

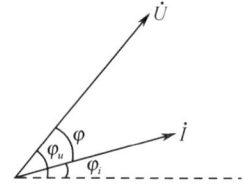

图 2.1.3　相量图

同频率正弦量相加减，可以用解析式的方法，还可以用波形图逐点描绘的方法，但这两种方法都不简便，几个同频率的正弦量的加减运算常采用_____。复数和复数运算是相量表示法的数学基础。下面一起来学习复数的表达形式及四则运算，请阅读表 2.1.2 所示的内容并回答问题。

表 2.1.2　复数的表达形式及四则运算

表达形式	代数式	设复数 $A = a + jb$，$\|A\|$ 表示复数的大小，称为_____；φ 是矢量的方向角，称为_____。显然有 $\|A\| = r =$ _____，$\varphi = \arctan \dfrac{a}{b}$ 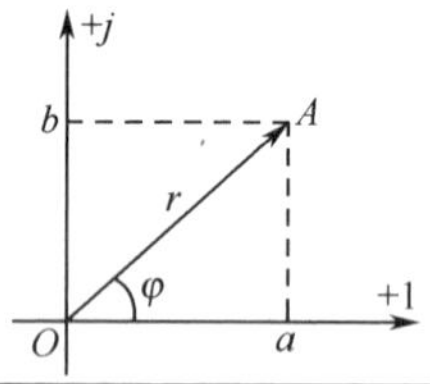
	三角式	因为 $a = \|A\|\cos\varphi$，$b = \|A\|\sin\varphi$，因而 $A = a + jb =$ _____
	指数式	根据欧拉公式 $\cos\varphi + j\sin\varphi = e^{j\varphi}$，则 $A = re^{j\varphi}$
	极坐标式	将 $e^{j\varphi}$ 记为 $\angle\varphi$，则 $A = r\angle\varphi$
四则运算	加减运算	① 代数法：设 $A = a_1 + jb_1$，$B = a_2 + jb_2$，则 $A \pm B =$ _____ ② 图解法——平行四边形法 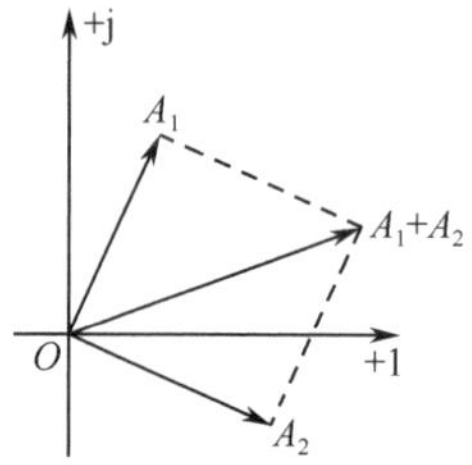 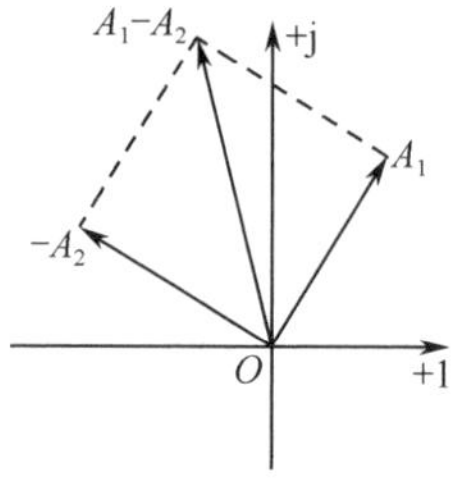
	乘除运算	运用极坐标法将模相乘除、幅角相加减： $A \cdot B = r_1\angle\varphi_1 \cdot r_2\angle\varphi_2 =$ _____ $A/B = r_1\angle\varphi_1 / r_2\angle\varphi_2 =$ _____

续表

正弦量的相量表示法	用复数的两个量（实部、虚部或模、幅角）分别表示正弦量的两个要素，这就是正弦量的相量表示法。相量可以代表正弦量而不能认为_____正弦量。 在实际应用中，正弦量更多地用_____表示。令复数的模与正弦量的_____相等，幅角等于正弦量的_____，则称该相量为有效值相量，用有效值上加一个黑点表示。例如，$i = I_m\sin(\omega t + \varphi)$ 对应的有效值相量表示法为 $\dot{I} = I\angle\varphi$

练一练

如图 2.1.4 所示，已知 $i_1 = 100\sin(\omega t + 45°)$，$i_2 = 60\sin(\omega t - 30°)$，求 $i = i_1 + i_2$，并画相量图。

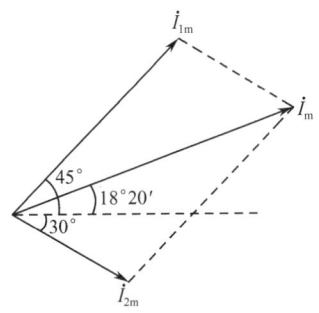

图 2.1.4　练一练题图

前面学习了正弦交流电的表示方法，正弦交流电的物理量有哪些呢？是如何表示的呢？它们的单位是什么呢？下面一起来学习，请阅读表 2.1.3 所示的内容并回答问题。

表 2.1.3　正弦交流电物理量及表示方法

物理量	概　念	表示方法	单　位
频率	正弦量在单位时间内周期性循环变化的次数，用字母_____表示。 我国工业和民用电频率为 $f = 50Hz$（称为工频）	角频率、周期与频率的关系： $\omega = \dfrac{2\pi}{T} = 2\pi f$	单位是赫兹，用_____表示
周期	正弦交流电完成一次循环变化所需要的时间，用字母___表示。工频周期 $T = 1/f = 1/50 = 0.02s$	周期与频率的关系：$f = \dfrac{1}{T}$	单位是秒，用_____表示
角频率	正弦量在单位时间内变化的弧度数，用字母_____表示。角频率 $\omega = 314rad/s$，角频率的大小表示正弦量的变化快慢	ω、T、f 三者都反映正弦量变化的快慢，三个物理量中只要知道一个，其他两个物理量就可以求得	单位是弧度/秒，用_____或_____表示
瞬时值	正弦量在任一瞬时的值，用小写字母表示	瞬时值用_____表示	电流：安培（A） 电压：伏特（V） 电动势：伏特（V）
最大值	瞬时值中的最大值是正弦量在整个振荡过程中达到的最大值，用_____表示	最大值用_____表示	
有效值	根据电流的热效应来规定，一个交流电流 i 和一个直流电流 I 分别通过相同的电阻 R，如果在相同的时间 T 内，它们产生的热量相等，那么这个交流电流 i 的有效值就等于这个直流电流 I 的大小，有效值都用____字母表示	有效值用 I、U、E 表示，$I = I_m/\sqrt{2}$，$U = U_m/\sqrt{2}$，$E = E_m/\sqrt{2}$	

		续表
相位	$\omega t+\varphi$，反映正弦交流电变化的进程	$i = I_\mathrm{m}\sin(\omega t+\varphi_i)$ $u = U_\mathrm{m}\sin(\omega t+\varphi_u)$ $e = E_\mathrm{m}\sin(\omega t+\varphi_e)$ 式中，φ_i、φ_u、φ_e 分别是电流、电压、电动势的初相位
初相位	$t=0$ 时的相位角，用 φ 表示	
相位差	两个_____频率正弦交流电之间的相位之差	

小提示

（1）交流电压表、电流表的测量数据均为_____。

（2）交流设备铭牌标注的电压、电流均为_____。

练一练

（1）试求下列各正弦量的周期、频率和初相位，二者的相位差如何？

① $3\sin 314t$。

② $8\sin(5t+17°)$。

（2）已知正弦电压 $u=311\sin(314t+60°)$，求其幅值、有效值和频率。

模块 2 交流电路分析与应用

做一做

利用导线、示波器、交流发电机完成电路连线，并完成正弦交流电的波形测试（见表 2.1.4）。

表 2.1.4 正弦波形测量

示 意 图	操 作 要 点
	① 用连接导线按照示意图连接成完整电路。 ② 检查无误，打开示波器电源，选择耦合方式为交流耦合。 ③ 调节三相交流发电机的转速，观察波形。 发电机输出的是_____，固定一个转速，调节示波器参数，此时波形的幅值为_____，周期为_____，频率为_____；电动机转速与幅值和频率的关系是_____。
实验体会：	

评价反馈

（1）检查训练任务的标准：真实、完整、有效。

（2）按各学习活动进行自评或互评。

评价反馈表如表 2.1.5 所示。

表 2.1.5 评价反馈表

评价指标	考核指标	自评	互评	师评	均分	总评
任务完成情况（40分）	安全操作与规范（10分）					
	完成任务过程情况（5分）					
	完成任务质量（5分）					
	成员在小组任务中的作用（5分）					
	学习任务填写（5分）					
	关键操作要领掌握（5分）					
	作品分享（5分）					

续表

评价指标	考核指标	自评	互评	师评	均分	总评
专业知识（30分）	电路搭建（10分）					
	示波器的正确调试（5分）					
	故障排除（5分）					
	输出参数的测量或观测（10分）					
职业素养（30分）	学习态度：积极主动、参与学习、创新思维（10分）					
	团队合作：沟通协作、参与讨论（10分）					
	现场管理：工位安排、5S管理、环保节能（10分）					
综合评价等级						

学习任务 2　单一元件的正弦交流电路测量

在实际的交流电路中通常包含电阻 R、电感 L 和电容 C 这三种元件。在研究某具体电路时，可抓住起主要作用的某种元件，使问题简化，忽略其余两种元件的影响，掌握单一元件交流电路后，从单一元件的简单电路到复杂电路，就更容易理解了。那么单一元件交流电路有哪些电路类型呢？电路中电压和电流的关系，以及功率关系又是怎样的呢？请阅读表 2.1.6 中的内容并回答问题。

表 2.1.6　单一元件交流电路分析

电路类型	概　念	电　路　图	参　数　关　系	相量表示方法
纯电阻电路	由电阻元件作为负载的电路为纯电阻电路	(电路图：电阻 R，电流 i，电压 u)	电压 U 和电流 I 的关系符合_____定律：$I=\dfrac{U_R}{R}$ 电阻消耗的**有功功率**（单位是瓦，W）：$P=U_R I=I^2 R=\dfrac{U_R^2}{R}$	(相量图：$\dot{I}$、$\dot{U}$ 同方向) 如果用相量表示电压和电流的关系，则为 $\dot{U}=R\dot{I}$
纯电感电路	由纯电感线圈作为负载的电路为纯电感电路	(电路图：电感 L，电流 i，电压 u，e_L)	电压 U 和电流 I 的关系符合_____定律：$I=\dfrac{U_L}{X_L}$，式中，X_L 是电感的电抗，单位是欧姆（Ω），简称感抗，$X_L=\omega L=2\pi f L$。 纯电感元件在电路中____消耗功率，但工作时与电源进行能量交换，交换的规模用无用功表示，**无功功率**（单位是 var，乏）为 $Q_L=U_L I=I^2 X_L=\dfrac{U_L^2}{X_L}$	(相量图：$\dot{U}$ 竖直向上，$\dot{I}$ 水平) 如果用相量表示电压和电流的关系，则为 $\dot{U}=\mathrm{j}X_L\dot{I}=\mathrm{j}\omega L\dot{I}$
纯电容电路	由电容作为负载的电路为纯电容电路	(电路图：电容 C，电流 i，电压 u)	电压 U 和电流 I 的关系符合_____定律：$I=\dfrac{U_C}{X_C}$，式中，X_C 是电容的电抗，单位是欧姆（Ω），简称为容抗，$X_C=\dfrac{1}{\omega C}=\dfrac{1}{2\pi f C}$。 对于交流电而言，$f$ 越高，X_C 越____，电流越容易通过；在直流电中 $f=0$，X_C 趋于无穷大，_____电无法通过电容。 电容在电路中不消耗电能，但工作时与电源进行能量交换，交换的规模用无用功表示，**无功功率**（单位是 var，乏）为 $Q_C=U_C I=I^2 X_C=\dfrac{U_C^2}{X_C}$	(相量图：$\dot{I}$ 竖直向上，$\dot{U}$ 水平) 如果用相量表示电压和电流的关系，则为 $\dot{U}=-\mathrm{j}X_C\dot{I}$

小提示

（1）纯电阻电路中，电压 U 和电流 I 同相位。

（2）无功功率是交换功率，不要理解成消耗功率或无用功率。

（3）电感元件在电路中起_____的作用，电容元件在电路中起_____的作用。

练一练

把一个 50μF 的电容接到 $f=50\text{Hz}$，$U=220\text{V}$ 的正弦电源上，求 I、Q。如果保持 U 不变，而电源 $f=500\text{Hz}$，那么这时 I 为多少呢？

做一做

1. 设计一个纯电容电路，选择合适的元件，验证电容的"隔直通交"作用。

（1）各组按照制订的计划实施电路搭建。

① 选取元件及材料。

② 检查元件。

③ 按照方案搭建电路。

（2）电路搭建与测量的一般步骤。

① 各组互相检查所搭建电路的完整性。

② 自检，通电测量。

③ 根据电路图，用示波器测量电路中的波形。

完成表 2.1.7。

表 2.1.7　电容性质判定

电　路　图	任　务　结　论	波　形　图
（电路图：电容 C，电压 u，电流 i）	当采用直流电源时，示波器中_____（有/没有）波形。当采用交流电源时，示波器中出现_____波形。容量_____（越大/越小）的电容，波形的幅值_____。 验证结果：_____	直流电源 交流电源
实验体会：		

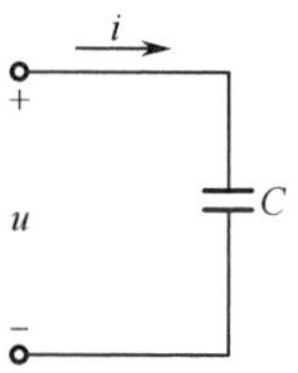

2．设计一个电容、电阻串联电路，选择合适的元件，测量串联不同阻值的电阻时，电阻与电容两端电压的关系。

评价反馈

（1）检查训练任务的标准：真实、完整、有效。
（2）按各学习活动进行自评或互评。
评价反馈表如表2.1.8所示。

电容电阻串联实验

表2.1.8 评价反馈表

评价指标	考核指标	自评	互评	师评	均分	总评
任务完成情况（40分）	安全操作与规范（10分）					
	完成任务过程情况（5分）					
	完成任务质量（5分）					
	成员在小组任务中的作用（5分）					
	学习任务填写（5分）					
	关键操作要领掌握（5分）					
	作品分享（5分）					
专业知识（30分）	电路设计、搭建与模型转化（10分）					
	示波器的调试（5分）					
	波形的特点（5分）					
	纯电容电路的验证（10分）					
职业素养（30分）	学习态度：积极主动、参与学习、创新思维（10分）					
	团队合作：沟通协作、参与讨论（10分）					
	现场管理：工位安排、5S管理、环保节能（10分）					
综合评价等级						

学习任务 3　RLC 串并联电路分析

单一元件交流电路是电路中的特例，实际交流电路往往是由电阻、电感和电容三种元件经过不同连接构成的。研究含有复合参数的交流电路更具有实际意义，接下来就讨论由电阻、电感和电容元件组成的交流电路。这种电路有几种类型？各自又有什么特点呢？请阅读表 2.1.9 所示内容并回答问题。

表 2.1.9　单一元件交流电路

类　型	参　数　关　系
RLC 串联电路	总电压 u 和电流 i 的有效值满足 ＿＿＿＿＿＿ 定律：$U=I\|Z\|$ 式中，$\|Z\|$ 是串联电路的总阻抗，单位是欧姆（Ω），计算公式为 $$\|Z\|=\sqrt{R^2+(X_L-X_C)^2}$$ 总电压 u 和电流 i 的相位差可由下列公式算得： $$\varphi=\varphi_u-\varphi_i=\arctan\frac{X_L-X_C}{R}$$
RLC 并联电路	总电压 u 和电流 i 的有效值满足 ＿＿＿＿＿＿ 定律：$U=IZ$ 式中，Z 是并联电路的等效阻抗，单位是欧姆（Ω），计算公式为 $\dfrac{1}{Z}=\sqrt{\dfrac{1}{R^2}+\left(\dfrac{1}{X_L}-\dfrac{1}{X_C}\right)^2}$ 总电压 u 和电流 i 的相位差可由下列公式算得： $$\varphi=\varphi_u-\varphi_i=\arctan\frac{\dfrac{1}{X_L}-\dfrac{1}{X_C}}{\dfrac{1}{R}}$$
电路功率	设电路中电流和电压的瞬时值分别为 $i=I_m\sin\omega t$，$u=U_m\sin(\omega t+\varphi)$，则电路的瞬时功率： $p=ui=U_m I_m\sin(\omega t+\varphi)\sin\omega t=UI\cos\varphi-UI\cos(2\omega t+\varphi)$ 有功功率：$P=\dfrac{1}{T}\int_0^T p\,dt=UI\cos\varphi$，单位是瓦（W），$\cos\varphi$ 是功率因素 无功功率：$Q=UI\sin\varphi$，单位是瓦（W） 视在功率：$S=UI=\sqrt{P^2+Q^2}$，单位是伏安（V·A）

小提示

（1）对于 RLC 串联电路，频率一定时，电压和电流的相位差 φ 与电路参数 R、L、C 有关。

当 $X_L > X_C$ 时，$\varphi > 0$，u 超前 i 一个 φ 相位角，电路呈电感性，称为_____电路；

当 $X_L < X_C$ 时，$\varphi < 0$，u 滞后 i 一个 φ 相位角，电路呈电容性，称为_____电路；

当 $X_L = X_C$ 时，$\varphi = 0$，u、i 同一个 φ 相位角，电路呈电阻性，称为_____电路。

（2）为了方便大家记忆，我们引入功率三角形（P、Q、S 功率的关系）和阻抗三角形（X_L、X_C、R、$|Z|$ 的关系），如图 2.1.5 和图 2.1.6 所示，大家可以结合图形对功率和阻抗的关系进行记忆。

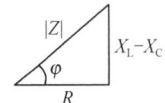

图 2.1.5　阻抗三角形　　　　图 2.1.6　功率三角形

（3）供电系统多属感性负载，如经常使用的异步电动机、控制电路中的交流接触器，以及照明用的日光灯等。由于感性负载的电流滞后于电压，功率因数 $\cos\varphi$ 总是小于 1。功率因数低将带来一些不良后果，如电源设备的容量不能充分利用，增加了输电线路和发电机绕组的功率消耗等，而提高功率因数常用的方法就是与电感性负载并联电容器。

练一练

在图 2.1.7 所示的 RLC 串联交流电路中，已知：$R = 30\Omega$，$L = 127\text{mH}$，$C = 40\mu\text{F}$，$u = 220\sqrt{2}\sin\omega t(314t + 20°)\text{V}$。求：（1）电流的有效值 I；（2）有功功率 P、无功功率 Q 和视在功率 S。

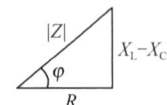

图 2.1.7　练一练题图

模块 2　交流电路分析与应用

知识拓展

物体的加速度跟偏离平衡位置的位移成正比，且总是在指向平衡位置的回复力的作用下往复运动，称为简谐振动。而正弦交流电就是一种电流或电压按照正弦规律变化的简谐振动。

在具有电容或电感的交流电路中，感抗和容抗都是与频率相关的函数，当一种按照一定规律振荡的系统在周期性外力作用时，当外部作用频率与系统固有振荡频率相同或很接近时，振幅急剧增大的现象就是**谐振**。在交流电路中，有没有谐振现象？电路中的谐振是什么？可以分为几种类型？每种类型各自特点是怎样的？如表 2.1.10 所示。

表 2.1.10　谐振

类　型	概　念	相　位　图	特　点
串联谐振	谐振是指在有电容和电感的电路中，当调节电路的参数或电源的频率使电路的总电压和总电流相位相同时，整个电路的负载呈电阻性，这时电路就发生了谐振。谐振分为串谐振和并联谐振		电感电压与电容电压等值异号
并联谐振			电感电流与电容电流等值异号

小提示

（1）在具有电阻 R、电感 L 和电容 C 元件的交流电路中，电路两端的电压与电流相位一般是不同的。如果调节电路元件（L 或 C）的参数或电源频率，则可以使它们相位相同，让整个电路呈电阻性，从而使电路发生谐振现象。

（2）我们平时用的收音机利用的就是谐振现象。转动收音机的旋钮，就是在变动里边电路的固有频率，当旋转到某个位置时，电路的频率和空气中不可见的电磁波的频率相等，于是它们发生了谐振。远方的声音从收音机中传出来，这声音是谐振的产物。

知识链接

LC 振荡电路，是指用电感 L、电容 C 组成选频网络的振荡电路，用于产生高频正弦波信号。LC 振荡电路运用了电容跟电感的储能特性，让电磁两种能量交替转化，即电能跟磁能都会有一个最大值和最小值，也就有了振荡。不过这只是理想情况，实际上所有电子元器件都会有损耗，能量在电容跟电感之间互相转化的过程中要么被损耗，要么被泄漏到外部，能量会不断减少，直至耗尽。

任务练习

（1）正弦量的三要素是指其最大值、角频率和相位。（　　）

（2）正弦量可以用相量表示，因此可以说，相量等于正弦量。（　　）

（3）正弦交流电路的视在功率等于有功功率和无功功率之和。（　　）

（4）电压三角形、阻抗三角形和功率三角形都是相量图。（　　）

（5）功率表应串接在正弦交流电路中，用来测量电路的视在功率。（　　）

（6）正弦交流电路的频率越高，阻抗越大；频率越低，阻抗越小。（　　）

（7）单一电感元件的正弦交流电路中，消耗的有功功率比较小。（　　）

（8）阻抗由容性变为感性的过程中，必然经过谐振点。（　　）

（9）在感性负载两端并联电容就可提高电路的功率因数。（　　）

（10）电抗和电阻由于概念相同，所以它们的单位也相同。（　　）

（11）有"220V、100W"和"220V、25W"白炽灯两盏，串联后接入220V交流电源，其亮度情况是（　　）。

A．100W 灯泡最亮　　　　　　　　B．25W 灯泡最亮

C．两只灯泡一样亮

（12）已知工频正弦电压有效值和初始值均为 380V，则该电压的瞬时值表达式为（　　）。

A．$u = 380\sin 314t$ V　　　　　　B．$u = 537\sin(314t + 45°)$ V

C．$u = 380\sin(314t + 90°)$ V

（13）一个电热器接在 10V 的直流电源上，产生的功率为 P。把它改接在正弦交流电源上，使其产生的功率为 $P/2$，则正弦交流电源电压的最大值为（　　）。

A．7.07V　　　　B．5V　　　　C．14V

（14）提高供电线路的功率因数，下列说法正确的是（　　）。

A．减少了用电设备中无用的无功功率

B．减少了用电设备的有功功率，扩大了电源设备的容量

C．可提高电源设备的利用率并减少输电线路中的功率损耗

（15）已知 $i_1 = 10\sin(314t + 90°)$ A，$i_2 = 10\sin(628t + 30°)$ A，则（　　）。

A．i_1 超前 i_2 60°　　B．i_1 滞后 i_2 60°　　C．相位差无法判断

（16）纯电容正弦交流电路中，电压有效值不变，当频率增大时，电路中电流将（　　）。

A．增大　　　　B．减小　　　　C．不变

（17）在 RL 串联电路中，$U_R = 16V$，$U_L = 12V$，则总电压为（　　）。

A．28V　　　　B．20V　　　　C．2V

（18）RLC 串联电路在 f_0 时发生谐振，当频率增加到 $2f_0$ 时，电路性质呈（　　）。

A．电阻性　　　　B．电感性　　　　C．电容性

（19）串联正弦交流电路的视在功率表征了该电路的（　　）。

A．电路中总电压有效值与电流有效值的乘积

B．平均功率

C．瞬时功率最大值

（20）实验室中的功率表是用来测量电路中的（　　）。
A．有功功率　　　　B．无功功率　　　　C．瞬时功率

（21）某电阻元件的参数为 8Ω，接在 $u = 220\sqrt{2}\sin 314t$ V 的交流电源上。试求通过电阻元件上的电流 i，如果用电流表测量该电路中的电流，则其读数为多少？电路消耗的功率是多少瓦？若电源的频率增大一倍，电压有效值不变，则电流和电路消耗的功率分别是多少？

（22）某线圈的电感量为 0.1H，电阻可忽略不计。接在 $u = 220\sqrt{2}\sin 314t$ V 的交流电源上。试求电路中的电流及无功功率；若电源频率为 100Hz，电压有效值不变，则电路中的电流及无功功率分别是多少？写出电流的瞬时值表达式。

（23）利用交流电流表、交流电压表和交流单相功率表可以测量实际线圈的电感量。设加在线圈两端的电压为工频 110V，测得流过线圈的电流为 5A，功率表读数为 400W，则该线圈的电感量为多大？

项目 2　三相交流电的产生与应用

学习地图

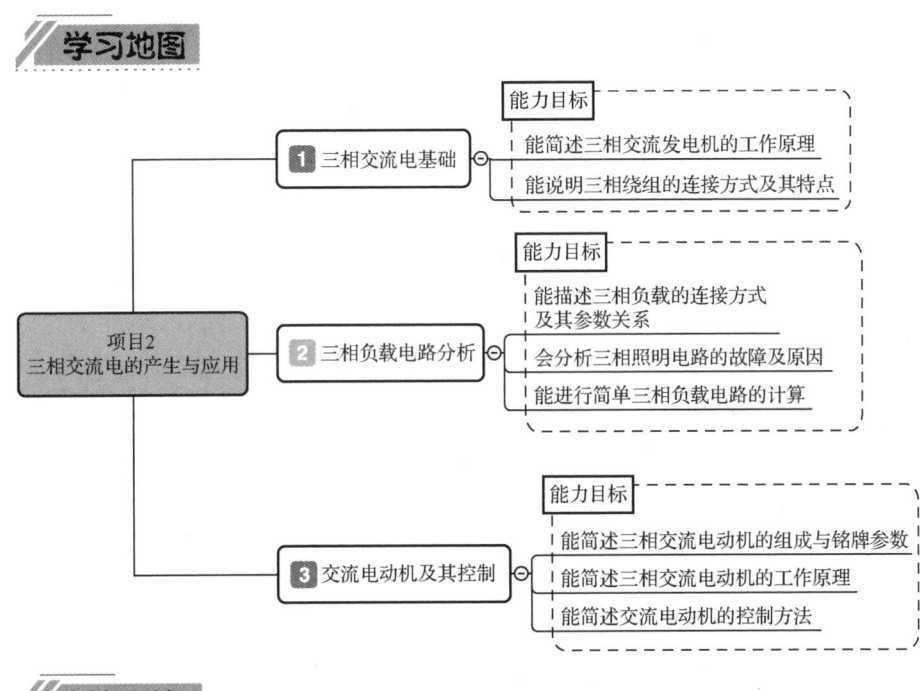

任务引入

交流电大多都是由发电机产生的，在发电和配电方面都有很重要的应用，利用建立在电磁感应原理基础上的交流发电机可以经济方便地把机械能、化学能等其他形式的能转化为电能；交流电源与同功率的直流电源相比，其造价更低，也更方便。本项目主要学习三相交流电的产生与应用，为后续学习其在汽车上的作用做准备。

学习任务 1　三相交流电基础

我们前面学习了单相交流电，什么是三相交流电呢？三相交流电又是怎么产生的呢？请阅读表 2.2.1 所示的内容并回答问题。

表 2.2.1　三相交流电动机原理

概　　念	工　作　原　理
三个___相同、___相等、___互差 120°角的交流电路组成的电力系统	三相交流电一般是由三相交流发电机产生的。下图是三相交流发电机的原理图，它主要由_____和_____组成。 磁极是转动的，故又被称为_____。转子铁芯绕有励磁绕组，通入直流电产生_____。在空气隙中磁场按正弦规律分布。 电枢是固定的，故又称为_____。定子上均匀嵌入了三个电枢绕组，也被称为_____绕组，三相绕组依次切割磁力线产生正弦电动势

小提示

定子铁芯是由硅钢片叠成的，其内圆周表面有槽，槽内均匀嵌入了三个电枢绕组 U_1U_2、V_1V_2 和 W_1W_2。其中，U_1、V_1 和 W_1 分别为绕组的始端，U_2、V_2 和 W_2 分别为绕组的末端。这三个绕组的几何结构、绕向和匝数都相同，但绕组的始端或末端之间彼此相隔 120°，故被称为三相绕组，定子及单相电枢绕组如图 2.2.1 所示。

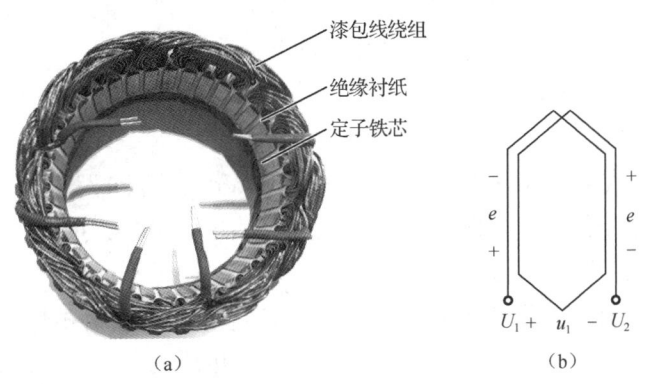

图 2.2.1　定子及单相电枢绕组

转子铁芯上绕有励磁绕组，用的是直流励磁。选择合适的极面形状和励磁绕组的布置情况，可使定子与转子间空气隙中的磁感应强度按正弦规律分布。

三相交流发电机给负载供电,其内部三个绕组通常是怎么连接的呢?请阅读表2.2.2所示内容并回答问题。

表2.2.2 三个绕组的连接方式

方 式	概 念	特 点
星形连接	将三相绕组的三个末端 U_2、V_2 和 W_2 连接在一起形成点 N,而将三个始端 U_1、V_1 和 W_1 作为输出端,这种连接方式被称为三相电源的_____连接	三相电源星形连接时,其相电压和线电压是不相等的,它们之间的关系为 $u_{12}=u_1-u_2$, $u_{23}=u_2-u_3$ $u_{31}=u_3-u_1$ $\dot{U}_{12}=\dot{U}_1-\dot{U}_2$, $\dot{U}_{23}=\dot{U}_2-\dot{U}_3$ $\dot{U}_{31}=\dot{U}_3-\dot{U}_1$
三角形连接	把一相绕组的始端与另一相绕组的末端依次连接,再从三个接点处分别引出三条相线,这种连接方式被称为三相电源的_____连接	三相电源三角形连接时,线电压等于相应相电压,即 $\dot{U}_{12}=\dot{U}_1$ $\dot{U}_{23}=\dot{U}_2$ $\dot{U}_{31}=\dot{U}_3$

(1)星形连接中,末端的连接点 N 被称为中性点或零点,从中性点引出的导线被称为中性线或零线。从三个始端 U_1、V_1 和 W_1 引出的三根导线 L_1、L_2 和 L_3 被称为相线或端线,俗称_____。

(2)三相电源中,三条相线与中性线之间的电压被称为_____电压,其有效值用 U_1、U_2 和 U_3 表示,或者用 U_P 表示;而任意两条相线之间的电压被称为_____电压,其有效值用 U_{12}、U_{23} 和 U_{31} 表示,或者用 U_L 表示。

(3)星形连接中,线电压 U_L 是相电压 U_P 的 $\sqrt{3}$ 倍($U_L=\sqrt{3}U_P$),且线电压在相位上比相应的相电压超前 30°,即 $\dot{U}_{12}=\sqrt{3}\dot{U}_1\angle 30°$,$\dot{U}_{23}=\sqrt{3}\dot{U}_2\angle 30°$,$\dot{U}_{31}=\sqrt{3}\dot{U}_3\angle 30°$。而在三角形连接中,线电压与相电压_____,即 $U_L=U_P$。

(4)三相四线制供电方式可向用户提供相电压和线电压两种电压,主要在低压供电中被采用,我国低压供电系统的相电压为220V,线电压为380V;三相三线制供电方式由于没有中性线,因此只能向用户提供线电压,主要在高压输电中被采用。

练一练

某教学楼照明电路发生故障,第二层楼和第三层楼的所有电灯突然暗淡下来,只有第一层楼的电灯亮度未变,试问这是什么原因?同时,发现第三层楼的电灯比第二层楼的电灯还要暗些,这又是什么原因?你能说出此教学楼的照明电路是按何种方式连接的吗?这种连接方式符合照明电路安装原则吗?

学习任务 2 三相负载电路分析

根据用电器对电源的要求,可分为单相负载和三相负载,工作时只需要单相电源供电的用电器被称为单相负载,如电冰箱、电视机、照明灯等。需要三相电源供电才能正常工作的用电器被称为三相负载,如新能源汽车使用的三相电动机等。三相负载的连接方式有哪些呢？它们的电流与电压之间有什么样的关系呢？下面一起来学习三相负载电路的相关知识。请阅读表 2.2.3 的内容并回答问题。

表 2.2.3 三相负载电路的相关知识

类型	连接方式	特点
星形连接	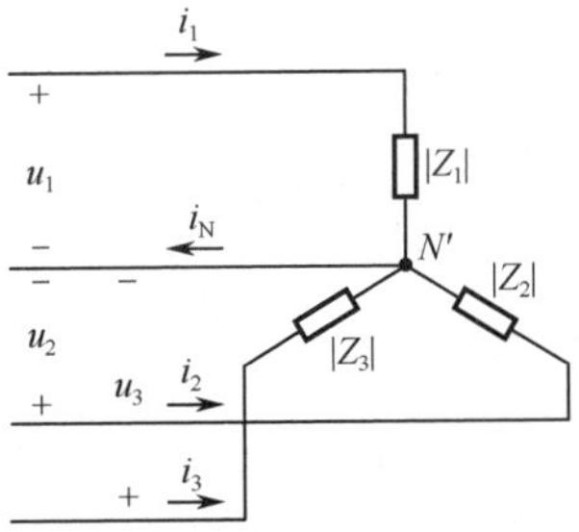 将三相负载的末端连接在点 N' 处,并与三相电源的中性线相连,三相负载的始端分别接到三根相线上,这种连接方式被称为三相负载的_____连接	各相电源与各相负载经中性线构成各自独立的回路。因此,可以利用单相交流电路的分析方法来对每相负载进行独立分析。 三相负载星形连接时,相电流等于相应的线电流,即 $I_P = I_L$
三角形连接	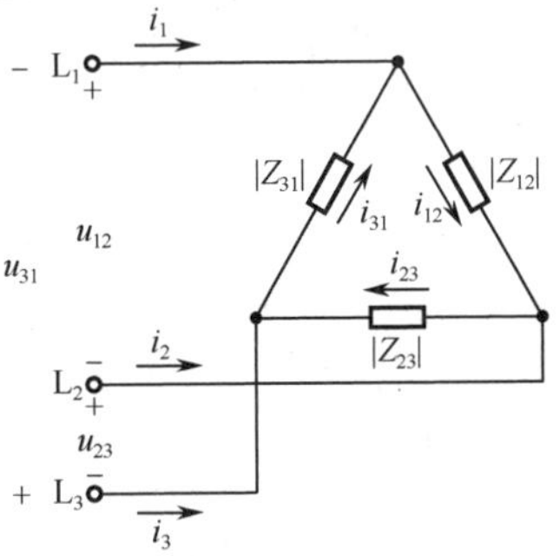 将三相负载分别连接到三相电源的两根相线之间,这种连接方式被称为三相负载的_____连接	每相负载直接连接在电源的两根相线之间。因此,负载的相电压与电源的线电压相等,且不论负载对称与否,其相电压总是对称的,即 $U_L = U_P$。 负载三角形连接时,其相电流与线电流是不同的。各相电流为 $\dot{I}_{12} = \dfrac{\dot{U}_{12}}{|Z_{12}|}$, $\dot{I}_{23} = \dfrac{\dot{U}_{23}}{|Z_{23}|}$, $\dot{I}_{31} = \dfrac{\dot{U}_{31}}{|Z_{31}|}$

小提示

(1) 如图 2.2.2 所示,在负载星形连接的三相四线制电路连接方式中,不论负载对称与否,其相电压和线电压分别等于三相电源的相电压和线电压。

其每相电流分别为 $\dot{I}_1 = \dfrac{\dot{U}_1}{Z_1} = \dfrac{U_1 \angle 0°}{|Z_1| \angle \varphi_1} = I_1 \angle -\varphi_1$,$\dot{I}_2 = \dfrac{\dot{U}_2}{Z_2} = \dfrac{U_2 \angle -120°}{|Z_2| \angle \varphi_2} = I_1 \angle (-120° - \varphi_2)$,$\dot{I}_3 = \dfrac{\dot{U}_3}{Z_3} = \dfrac{U_3 \angle 120°}{|Z_3| \angle \varphi_3} = I_1 \angle (120° - \varphi_3)$。

(2) 对称三相负载星形连接时,中性线的电流为零。因此,取消中性线也不会影响三相电路的工作,三相四线制电路实际上就变成了三相三线制电路,如图 2.2.3 所示。由于工业生产中的三相负载一般都是对称的,因此,三相三线制电路在生产上的应用极为广泛。

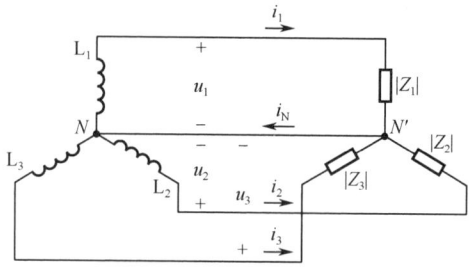

图 2.2.2　负载星形连接的三相四线制电路

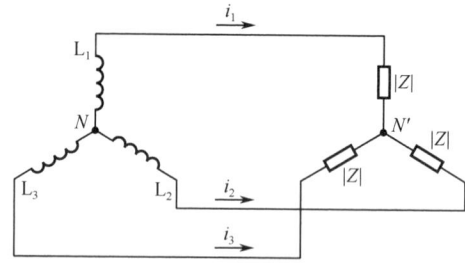

图 2.2.3　无中性线负载星形连接电路示意图

（3）三相负载三角形连接时,其相电流与线电流是不同的。各线电流为 $\dot{I}_1 = \dot{I}_{12} - \dot{I}_{31}$，$\dot{I}_2 = \dot{I}_{23} - \dot{I}_{12}$，$\dot{I}_3 = \dot{I}_{31} - \dot{I}_{23}$。

（4）若负载对称,即 $Z_{12} = Z_{23} = Z_{31} = Z$，则负载的相电流和线电流也是对称的,线电流有效值为相电流的 $\sqrt{3}$ 倍,其相位比相应的相电流滞后 30°,即 $\dot{I}_1 = \sqrt{3}\dot{I}_{12}\angle-30°$，$\dot{I}_2 = \sqrt{3}\dot{I}_{23}\angle-30°$，$\dot{I}_3 = \sqrt{3}\dot{I}_{31}\angle-30°$。

（5）三相负载的连接原则：要求负载的额定电压等于电源的线电压时,应进行三角形连接；当要求负载的额定电压等于 $1/\sqrt{3}$ 电源的线电压时,应进行星形连接。

练一练

（1）如图 2.2.4 所示,三相对称电源 $U_P = 220V$，将三盏额定电压为 220V 的白炽灯分别接入 L_1、L_2、L_3，已知白炽灯的电阻分别为 $R_1 = 5\Omega$，$R_2 = 10\Omega$，$R_3 = 20\Omega$。试求：①负载相电压、相电流及中性线电流；②L_1 相短路时或 L_1 相短路且中性线断开时,各相负载的电压；③L_1 相断开时或 L_1 相断开且中性线也断开时,各相负载的电压。

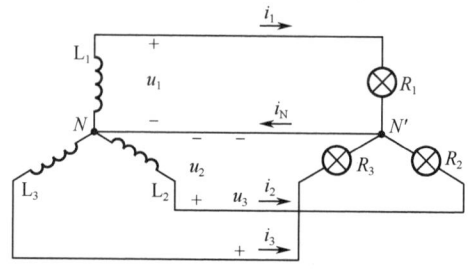

图 2.2.4　题（1）图

（2）三相交流电路中，负载的功率如何计算？如表 2.2.4 所示。

表 2.2.4 负载的功率

负载不对称	负载对称
负载不对称的情况下，每相负载消耗的功率不同，需要分别计算。电路总的有功功率和无功功率都等于各相功率之和，视在功率 $S=\sqrt{P^2+Q^2}$	有功功率： 在三相交流电路中，电路总的有功功率等于各相有功功率之和，即 $P=P_1+P_2+P_3$。在对称三相电路中，$P=3U_PI_P\cos\varphi=\sqrt{3}U_LI_L\cos\varphi$。 无功功率： 在三相交流电路中，电路总的无功功率等于各相无功功率之和，即 $Q=Q_1+Q_2+Q_3$。在对称三相电路中，$Q=3U_PI_P\sin\varphi=\sqrt{3}U_LI_L\sin\varphi$。 视在功率： 电路总的视在功率 $S=3U_PI_P=\sqrt{3}U_LI_L$

小提示

（1）在负载对称电路中，星形连接时，$U_L=\sqrt{3}U_P$，$I_L=I_P$，$P=3U_PI_P\cos\varphi=\sqrt{3}U_LI_L\cos\varphi$；三角形连接时，$U_L=U_P$，$I_L=\sqrt{3}I_P$，$P=3U_PI_P\cos\varphi=\sqrt{3}U_LI_L\cos\varphi$，有功功率与负载连接方式无关。同理，可以发现无功功率也与负载连接方式无关。

（2）计算公式中的变量 φ 指的是相电压与相电流的相位差，由负载的阻抗角决定。不要误以为是线电压与线电流的相位差。

（3）在对称三相电路中，总的视在功率 $S=3U_PI_P=\sqrt{3}U_LI_L$。在不对称三相电路中总的视在功率不等于各相视在功率之和。

练一练

有一对称三相负载，每相电阻为 $R=6\Omega$，电抗 $X=8\Omega$，三相电源的线电压为 380V。求：（1）负载星形连接时的有功功率 P；（2）负载三角形连接时的有功功率 P'。

学习任务 3　交流电动机及其控制

模块 1 中我们学习了直流电动机的原理与相关特性，新能源汽车中三相交流异步电动机的使用非常广泛。同时，异步电动机具有结构简单、工作可靠、易于控制与维护等优点，在工农业生产中也得到了广泛应用。下面就一起来学习三相异步电动机的相关知识。三相异步电动机结构图如图 2.2.5 所示。请阅读表 2.2.5 所示的内容并回答问题。

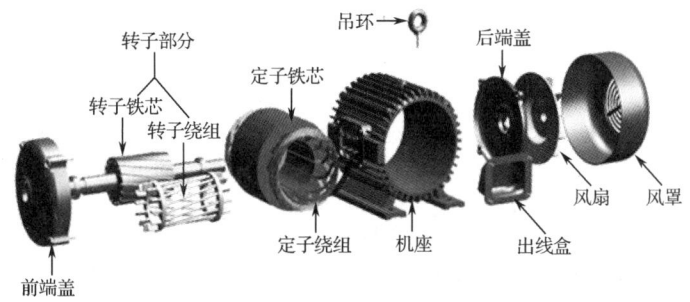

图 2.2.5　三相异步电动机结构图

表 2.2.5　三相异步电动机

三相异步电动机		
定子	（1）机座（外壳）：由＿＿＿或＿＿＿制成，它是电动机的外壳，起着支撑电动机的作用。 （2）定子铁芯：由互相绝缘的＿＿＿叠成。 （3）定子绕组：由三个完全相同的绕组组成，每个绕组为一相，三个绕组在空间上相差＿＿＿度。三个绕组的始端和末端都被引至接线盒内，可根据需要连接成＿＿＿形或＿＿＿形	定子铁芯　定子绕组 定子
转子	转子铁芯：由＿＿＿叠成	转子铁芯
转子	转子绕组：可分为笼型和绕线型。 笼型绕组是在转子铁芯的每个槽中插入一铜条（导条），在铜条两端各用一铜环（端环）把铜条连接起来，被称为铜排转子。 绕线型绕组与定子绕组是一个三相绕组，它一般连接成星形，三根引出线分别接到转轴的三个绝缘集电环上，通过三个电刷与外电路相连	笼型绕组 绕线型绕组

续表

铭牌数据	三相异步电动机	
	型号	例如：Y132M—4 Y——三相_____电动机； 132——机座中心高（mm）； M——机座长度代号（S 表示短机座，M 表示中机座，L 表示长机座）； 4——_____数（磁极对数 $p=2$）
	接法	铭牌数据中的接法是指_____三相绕组的接法。一般笼型电动机的接线盒中有六根引出线，分别标有 U_1、V_1、W_1、U_2、V_2、W_2。这六根引出线在接电源之前，相互之间必须正确连接。连接方法有星形（Y）和三角形（△）两种。 通常，三相异步电动机在 3kW 以下时，连接成星形；在 4kW 以上时，连接成三角形
	额定功率 P_N	额定功率 P_N 是指电动机在额定运行情况下，转轴所允许输出的机械功率
	额定电压 U_N	额定电压 U_N 是指电动机在额定运行情况下，在三相定子绕组上所加的线电压
	额定电流 I_N	额定电流 I_N 是指电动机在额定运行情况下，定子绕组上的线电流值
	额定频率 f_N	额定频率 f_N 是指加在电动机定子绕组上的允许频率，我国的工频为 50Hz
	额定转速 n_N	额定转速 n_N 是指电动机在额定电压、额定电流和额定输出功率情况下的转速
	绝缘等级	绝缘等级是指电动机内部所用绝缘材料允许的最高温度等级，它决定了电动机工作时允许的温升。各种等级对应的温度关系如下表所示。 | 绝缘耐热等级	A	E	B	F	H	C | |---|---|---|---|---|---|---| | 允许最高温度/℃ | 105 | 120 | 130 | 155 | 180 | 180 以上 | | 允许最高温升/℃ | 60 | 75 | 80 | 100 | 125 | 125 以上 |
	防护等级	防护等级是指电动机外壳防护形式的分级。防护等级是 IP44，其中，字母 IP 是国际防护标准的表征字母，44 表示本台电动机可防止 1mm 以上的固体颗粒物和水滴进入
	工作方式	连续工作方式：在额定条件下长时间连续运行。 短时工作方式：在额定条件下只能在规定时间内运行。 断续工作方式：在额定条件下以周期性间歇方式运行

练一练

车用直流电动机的运行利用转子中的通电导体在固定磁场中受力使其运转，最常见的三相异步交流电动机是如何工作的呢？下面一起来学习相关知识，如表 2.2.6 所示。

表 2.2.6 三相异步交流电动机工作原理

工 作 原 理
电动机在通入三相交流电后产生了一个在空间旋转的磁场，被称为旋转磁场。旋转磁场在转子绕组中产生感应电流，具有感应电流的转子绕组在磁场中受磁场力而运转

续表

	工作原理
旋转磁场的产生	设三相绕组每相只有一个线圈，且连成星形接在三相电源上。由于各相绕组中的电流是交变的，因此，各电流的磁场也是交变的，而三相电流的合成磁场是旋转磁场。 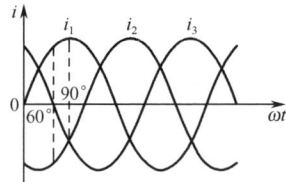 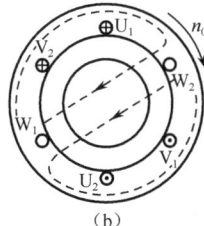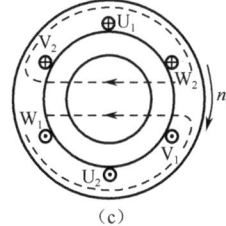 （1）在 $\omega t=0$ 的瞬间，$i_1=0$，U 相绕组上没有电流通过；i_2 为负值，其方向为由 V_2 端流进（用 ⊕ 表示），V_1 端流出（用 ⊙ 表示）；i_3 为正值，且 i_3 与 i_2 大小相等，其方向为由 W_1 端流进，W_2 端流出。根据右手螺旋定则可知，三相电流所产生的合成磁场方向，相当于 N 极在上，S 极在下的两个磁极，又称为一对磁极，如图（a）所示。 （2）在 $\omega t=60°$ 的瞬间，i_1 为_____值，其方向为由 U_1 端_____，U_2 端_____；i_2 为负值，其方向为由 V_2 端流进，V_1 端流出；$i_3=0$ 时，三相电流的合成磁场沿顺时针方向旋转了 60°，如图（b）所示。 （3）在 $\omega t=90°$ 的瞬间，i_1 为正值，其方向为由 U_1 端流进，U_2 端流出；i_2 为_____值，其方向为由 V_2 端_____，V_1 端_____；i_3 也为负值，其方向为由 W_2 端流进，W_1 端流出。此时，三相电流的合成磁场沿顺时针方向又旋转了 30°，如图（c）所示。 由上可见，随着定子绕组中三相对称电流的不断变化，所产生的合成磁场也在空间不断旋转。电流变化一周，合成磁场在空间旋转_____度
转动原理	设旋转磁场以 n_0 的转速顺时针旋转，则旋转磁场与静止的转子导条之间就存在相对运动，相当于转子金属导条切割磁力线，导条中就会产生感应电动势和电流，其方向可由_____定则确定。 通电的导条在旋转磁场中将会受到电磁力 F 的作用，电磁力的方向可用_____定则判断。电磁力作用到电动机的转轴上将会产生电磁转矩，从而带动转子以转速 n 旋转起来，其转动方向与旋转磁场的旋转方向_____。 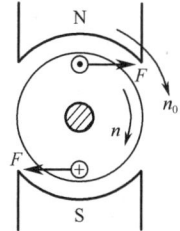
旋转磁场的转速	当每相定子绕组中只有一个线圈时，产生的旋转磁场只有一对磁极。用 p 表示磁极对数，即 $p=1$。如果每相定子绕组分别由两个线圈串联而成，当三相对称电流通过这些线圈时，则能产生两对磁极（四个磁极）。电流变化一周时，旋转磁场在空间旋转_____度。 由上述分析可知，$p=1$ 时，电流变化一周，旋转磁场在空间转 1 周；$p=2$ 时，电流变化一周，旋转磁场在空间转 1/2 周。以此类推，当 p 对磁极时，电流变化一周，旋转磁场就在空间转 $1/p$ 周，即 p 对磁极旋转磁场的转速 n_0 应为 $n_0=60f/p$，式中，f 是定子电流的频率，单位为 Hz

小提示

（1）转子的转速永远达不到旋转磁场的转速。如果转速相同，则转子与磁场不存在相对运动，转子绕组不切割磁力线，转子就无法运动。因此，转子的转速总是低于磁场的转速（同步转速）。因此这种电动机也叫异步电动机。

（2）用转差率 s 来表示转子转速与磁场转速之差的相对程度。转差率 $s = (n_0 - n)/n_0$，式中，n_0 为同步转速，n 为转子转速。显然，转差率 s 的变化范围为 0～1。通常，异步电动机在额定负载时的转差率为 1%～9%。

练一练

（1）某三相异步电动机，额定转速 $n_N = 1460\text{r/min}$，电源频率 $f = 50\text{Hz}$，求该电动机的旋转磁场转速 n_0、磁极对数 p 和额定转差率 s_N。

（2）四极三相异步电动机的额定功率为 30kW，额定电压为 380V，三角形接法，频率为 50Hz。在额定负载下运动时，其转差率为 0.02，效率为 90%，电流为 57.5A，试求：（1）转子旋转磁场对转子的转速；（2）额定转矩；（3）电动机的功率因数。

在学习了三相异步交流电动机的结构与工作原理后,我们再来学习三相异步交流电动机的调速、起动与制动过程。通过学习这些内容,可以对交流电动机的运行与使用有更进一步的了解,如表 2.2.7 所示。

表 2.2.7 三相异步交流电动机的运行

起动		电动机在启动时既要把启动电流限制在一定数值之内,同时要有足够大的启动转矩,以便缩短启动过程,提高生产效率
	笼型	(1)直接起动。 直接起动就是利用开关直接将电动机接入电网(原理如下图所示),使其在额定电压下起动。这种方法简单,但是起动电流大,起动转矩小,一般只适用于小容量电动机。 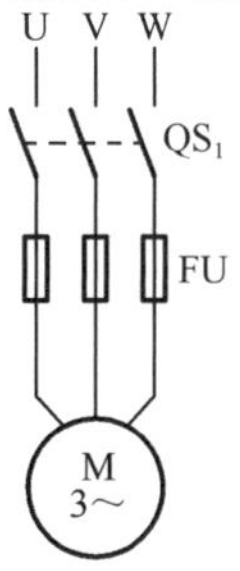 (2)降压起动。 降压起动目的是_____起动电流,但也限制了起动转矩。适用于____载或____的情况。常用的降压起动方法有定子电路串电阻起动、Y-△起动和自耦降压起动
	绕线式	(1)转子串电阻起动。 在转子电路中接入适当的起动电阻(如下图所示),起动时电阻阻值调节到最大,可减小起动电流,同时起动转矩也随之_____。起动完毕后切断调节电阻。 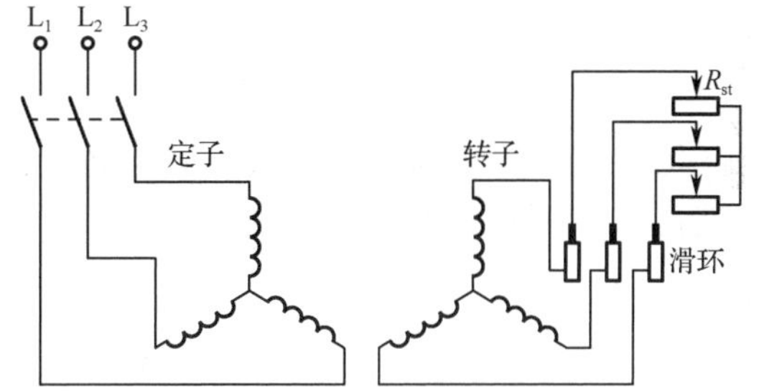 (2)转子串频敏变阻器起动。 频敏变阻器实质上是一个铁耗很大的三相电抗器,其等效阻抗的大小随转子电流频率的变化而变化
调速	变频	异步电动机的转速正比于电源频率 f,若连续改变电动机供电电源的频率 f,则连续改变电动机的转速,且可在较大范围内实现较平滑的无级调速
	变极	变极调速通过改变电动机定子绕组的接线以改变电动机的极对数,从而实现电动机的调速。由于磁极对数只能成倍变化,所以变极调速不能实现无级调速,但其经济、简单、稳定性好
	变转差率	在绕线型异步电动机的转子电路中接入调速电阻(与串电阻启动方法类似),可以通过改变转子电路的电阻阻值来改变转差率 s,并实现调速

续表

制动	能耗制动	能耗制动是在切断三相电源的同时,将直流电源接到三相定子绕组的任意两相上,使电动机产生固定不动的磁场,如下图所示。 此时,转子由于惯性作用继续旋转,根据右手定则和左手定则可判断出,转子感应电流与固定磁场相互作用产生的电磁转矩方向和转子旋转方向_____,起制动作用,被称为制动转矩。 能耗制动的能量消耗少,制动平稳,无冲击,但需要_____电源
	反接制动	在电动机需要停止时,将三相定子绕组工作电源的任意两相对调,使旋转磁场反向旋转,而转子在惯性作用下仍按原方向转动,从而产生一个与转子转向相反的制动转矩,使电动机转速迅速减小。当转速接近零时,及时切断电源。 反接制动迅速简单,但能量消耗大,对电源及电动机的冲击很大
反转		根据交流电动机的转动原理,只有旋转磁场反转,电动机才反转。因此,改变三相电源的相序(任意两相线对调),就可以改变旋转磁场的方向,从而实现电动机的反转

小提示

(1) Y-△降压起动适用于正常运转时定子绕组进行_____连接的电动机。在起动时,可先将定子绕组连接成星形,起动结束时再连接成三角形(见图 2.2.6)。这样,起动时定子绕组上的电压就降为了额定电压的 $1/\sqrt{3}$。

(2) 自耦变压器降压起动适用于容量较大或正常运行时定子绕组进行星形连接的电动机。自耦变压器降压起动利用自耦变压器将电源电压降低后,再加到电动机定子绕组上,以降低起动电流(见图 2.2.7)。

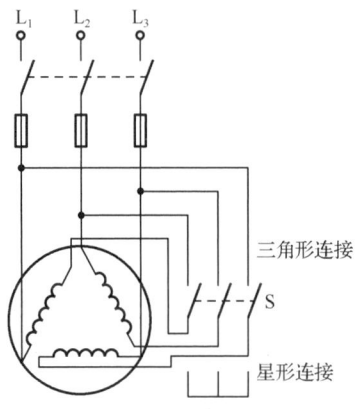

图 2.2.6 Y-△降压起动的接线图

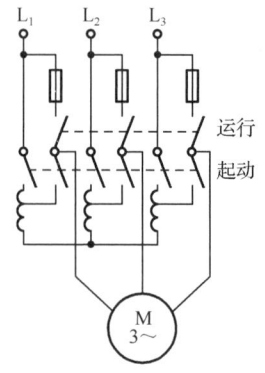

图 2.2.7 自耦变压器降压起动的接线图

(3) 转子串频敏变阻器起动与转子串电阻起动相比,其转子等效电阻随电动机转速的升高自动连续减小,起动过程平滑性较好。

（4）变极调速只适用于笼型异步电动机，因为笼型异步电动机的转子极数能自动与定子绕组的极数相适应。

（5）变转差率调速方法可平滑调节转子电阻，实现无级调速，但能量损耗大，调速范围有限，主要应用于起重设备中。

（6）反接制动时，由于旋转磁场与转子的转向相反，其相对转速 n_0+n 非常大，转子中的感应电流也非常大，这会对电源及电动机产生很大的冲击。因此，为了限制此电流，反接制动时必须在定子电路（笼型）或转子电路（绕线型）中串接限流电阻。

知识拓展

家用电器中的电动机基本上都是单相交流电动机。因为单相交流电动机中只有一相绕组，所以，接通电源后，在绕组中会产生单相正弦交流电流。电流在定子腔中产生的磁场大小和方向随交流电流按正弦规律变化，并不旋转，被称为脉动磁场。

由于脉动磁场不旋转，所以转子上不会产生感应电流，也不会产生电磁转矩，转子也就不能旋转，即电动机不会自行起动。如果有一外力推动转子转动，那么转子会因切割磁场而产生电磁转矩，从而会持续沿外力方向转动。因此，单相异步电动机的转动问题关键在于给它提供的起动转矩。

根据不同的起动方法，单相异步电动机可分为电容分相式和罩极式两种。

（1）电容分相式单相异步电动机在工作绕组两端并联起动绕组（见图 2.2.8），两绕组在空间相隔 90°，实验及理论证明，在空间相差 90°的两个绕组，其中通有的相位差为 90°的两相电流，也能产生旋转磁场。在旋转磁场的作用下，电动机的转子就能转动起来，当转速接近额定值时，将起动绕组断开，电动机可继续运行。

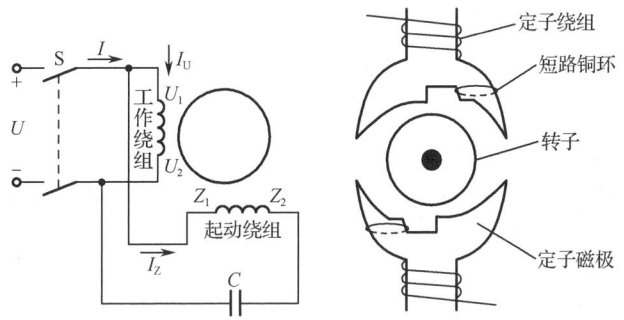

图 2.2.8　电容分相式单相异步电动机

（2）罩极式单相异步电动机在磁极上装有主绕组。在磁极极弧的 1/3～1/2 处开有小槽，装入铜质短路绕组，将部分磁极罩起来。

当定子绕组通入单相交流电流 i 时，产生交变磁通 $\varPhi_1$。在磁通 $\varPhi_1$ 的作用下，铜环内产生感应电流，同时感应电流会产生阻碍原磁场变化的磁通 $\varPhi'$。这样，通过铜环的磁通（$\varPhi_1$ 与 $\varPhi'$ 的合磁通 $\varPhi_2$）与 $\varPhi_1$ 之间存在相位差。从总体上来看，电动机内部犹如形成了一个向罩极部分移动的磁场，它可使转子产生转矩而起动。

拓展练习

（1）三相四线制电路中负载对称时，可改为三相三线制而对负载无影响。（　　）

（2）三相负载进行星形连接时，总有 $U_L = \sqrt{3}U_P$ 关系成立。（   ）

（3）三相用电器正常工作时，加在各相上的端电压等于电源线电压。（   ）

（4）三相负载进行星形连接时，无论负载对称与否，线电流总等于相电流。（   ）

（5）三相电源向电路提供的视在功率为 $S = S_A + S_B + S_C$。（   ）

（6）人无论在何种场合，只要所接触电压为36V以下，就都是安全的。（   ）

（7）中线的作用就是使不对称星形连接三相负载的端电压保持对称。（   ）

（8）三相不对称负载越接近对称，中线上通过的电流就越小。（   ）

（9）为保证中线可靠，不能安装熔断器和开关，且中线截面较粗。（   ）

（10）电能是一次能源。（   ）

（11）对称三相电路是指（   ）。

　　A．三相电源对称的电路　　　　　　　　B．三相负载对称的电路

　　C．三相电源和三相负载都是对称的电路

（12）三相四线制供电线路，已知作星形连接的三相负载中A相为纯电阻，B相为纯电感，C相为纯电容，通过三相负载的电流均为10A，则中线电流为（   ）。

　　A．30A　　　　　　B．10A　　　　　　C．7.32A

（13）在电源对称的三相四线制电路中，若三相负载不对称，则该负载各相电压（   ）。

　　A．不对称　　　　　　B．仍然对称　　　　　　C．不一定对称

（14）三相发电机绕组接成三相四线制的，测得三个相电压 $U_A=U_B=U_C=220V$，三个线电压 $U_{AB}=380V$，$U_{BC}=U_{CA}=220V$，这说明（   ）。

　　A．A相绕组接反了　　B．B相绕组接反了　　C．C相绕组接反了

（15）三相对称交流电路的瞬时功率为（   ）。

　　A．一个随时间变化的量　　　　　　B．一个常量，其值恰好等于有功功率

　　C．0

（16）三相四线制中，中线的作用是（   ）。

　　A．保证三相负载对称　　　　　　　　B．保证三相功率对称

　　C．保证三相电压对称　　　　　　　　D．保证三相电流对称

（17）一台三相异步电动机，定子绕组按星形连接方式与线电压为380V的三相交流电源相连。测得线电流为6A，总有功功率为3kW。试计算各相绕组的等效电阻 R 和等效感抗 X_L 的数值。

（18）三相对称负载，已知 $Z=3+j4\Omega$，接于线电压等于 380V 的三相四线制电源上，试分别计算星形连接和三角形连接时的相电流、线电流、有功功率、无功功率和视在功率。

项目 3　供电与安全用电

学习地图

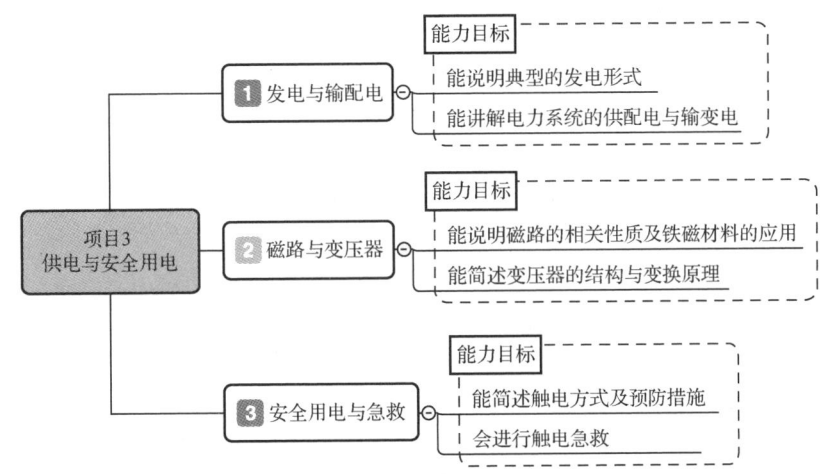

任务引入

随着工农业、国防和科学技术的电气化和自动化水平迅速提高，城乡人民物质文化生活的日益丰富，人们接触电的机会日益增加。在这种情况下，学习安全用电常识，减少和避免各种电器不安全事故的发生显得十分必要。本项目将就这方面的内容进行一些简要的介绍，了解安全用电的基本知识，重视安全用电。

学习任务 1　发电与输配电

我们知道工厂、企业需要消耗大量的电用于生产，但是这些电是如何从电厂供给的呢？供配电电压可以怎么选择呢？

电力系统是由发电厂、电力网和电能用户组成的一个发电、输电、变电、配电和用电的整体，如图 2.3.1 所示。电能的_____、_____、_____和_____的全过程，实际上它们是同时进行的。自然界的能源先通过发电动力装置转化成电能，再经输电、变电及配电系统将电能供应到各用电区域。

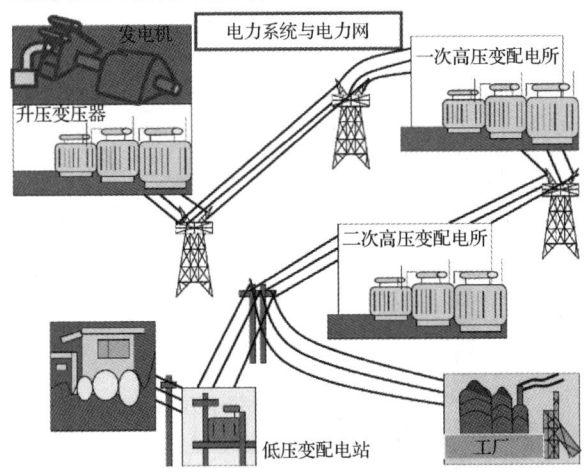

图 2.3.1　电力系统

（1）发电。

发电厂是将自然界蕴藏的各种一次能源转换为电能（二次能源）的工厂。根据发电厂所用能源，发电形式可分为水力、火力、核能、风力、太阳能发电等。目前在我国接入电力系统的发电类型主要有_____、_____、_____和核能发电（又称核电站）。这些发电类型都有哪些特点呢？请阅读表 2.3.1 中的内容并回答问题。

表 2.3.1　主要发电类型

发电类型	图　示	说　明
火力发电		火力发电先是利用燃烧煤炭、石油、液化天然气等燃料所产生的热能，让水受热而成为高压高温的_____，推动汽轮机运转带动发电机发电

续表

发电类型	图　示	说　明
水力发电	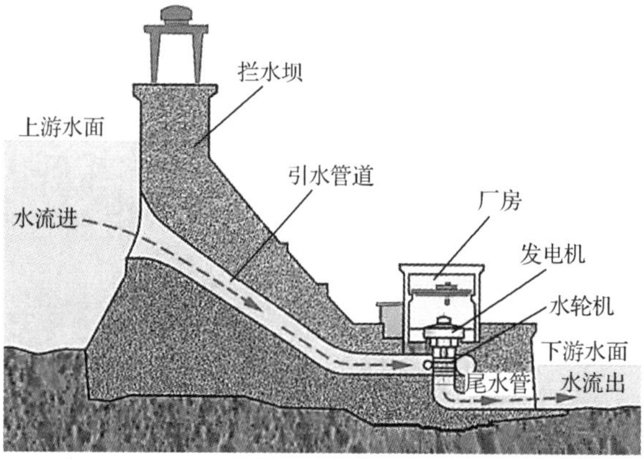 （图示：水力发电，标注有拦水坝、上游水面、引水管道、水流进、厂房、发电机、水轮机、下游水面、尾水管、水流出）	利用水流的位能来生产电能，主要由水库、水轮机和发电机组成。水库中的水具有一定的＿＿＿＿能，经引水管道送入水轮机推动水轮机旋转，水轮机与发电机联轴，带动发电机转子一起转动发电
风力发电	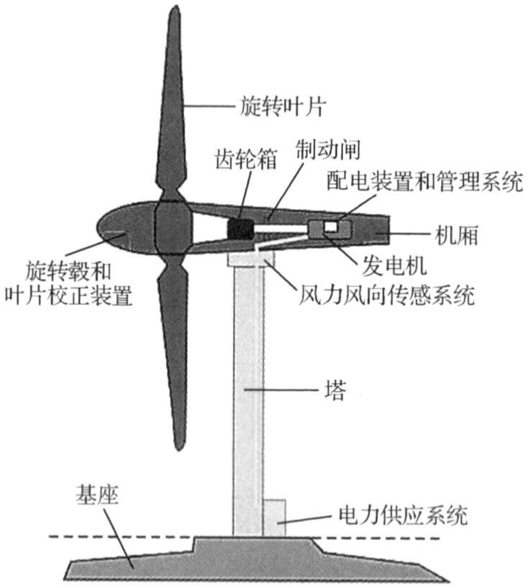 （图示：风力发电，标注有旋转叶片、齿轮箱、制动闸、配电装置和管理系统、机厢、发电机、风力风向传感系统、旋转毂和叶片校正装置、塔、基座、电力供应系统）	利用风力先带动风车叶片旋转，再通过＿＿＿＿将旋转的速度提升，把机械能转化为电能，就是风力发电。 目前的风车技术，大约以3m/s的微风速度，便可以开始发电。风力发电不需要使用燃料，也不会产生辐射或空气污染
核能发电	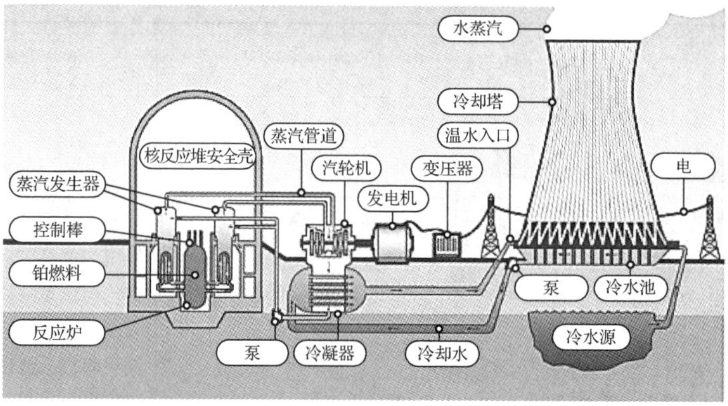 （图示：核能发电，标注有水蒸汽、冷却塔、温水入口、变压器、电、冷水池、冷水源、冷却水、冷凝器、泵、反应炉、铀燃料、控制棒、蒸汽发生器、核反应堆安全壳、蒸汽管道、汽轮机、发电机）	核电站是将用铀制成的核燃料在"反应堆"的设备内发生＿＿＿＿而产生大量热能，再用处于高压下的水把热能带出，在蒸汽发生器内产生蒸汽，将原子核裂变能转化为热能，蒸汽压力推动汽轮机旋转，将热能转化为机械能，然后汽轮机带动发电机旋转，将机械能转变成电能

续表

发电类型	图 示	说 明
太阳能发电	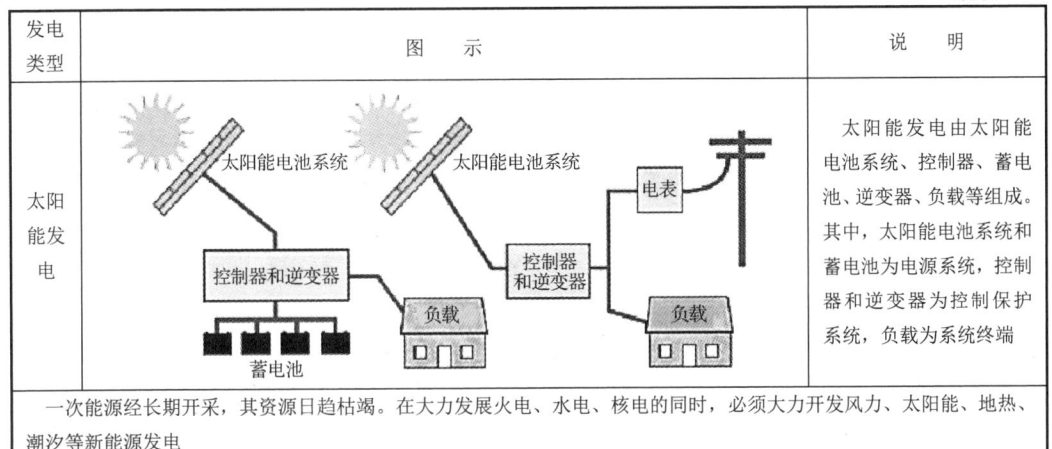	太阳能发电由太阳能电池系统、控制器、蓄电池、逆变器、负载等组成。其中，太阳能电池系统和蓄电池为电源系统，控制器和逆变器为控制保护系统，负载为系统终端
	一次能源经长期开采，其资源日趋枯竭。在大力发展火电、水电、核电的同时，必须大力开发风力、太阳能、地热、潮汐等新能源发电	

（2）输电。

火力、核能电厂由于需要大量的海水作为冷却水，多位于远离都市的海滨，水力电厂则位于偏远的山区。因此发电厂输出的电，需要由输电线路长距离输送到城市、工业区。为了降低长距离传送电力所造成的传输损失，将输电电压提高，可降低输电电流，以减少线路损耗。由于降低输电电流，导线线径可减小，质量减轻，因此可降低建设成本。

（3）变电。

发电机输出端的电压在送到输电线前，利用电厂内的升压变压器将电压升高为110kV 或 220kV 的高压电。当输电线路到达用电区域附近，在一次降压变电所将高压先降至 35kV，再输送到二次降压变电所。

（4）配电。

二次降压变电所将电力从 35kV 降压到 6～10kV，以架空线路或地下线路的形式输送到企业或小区，再以电线杆上或路边的亭置式配电变压器将电压降为一般家庭、商店、工厂使用的 220V/380V，以用户线引接到用户的电表后供用户使用。

发电与输配电过程如图 2.3.2 所示。

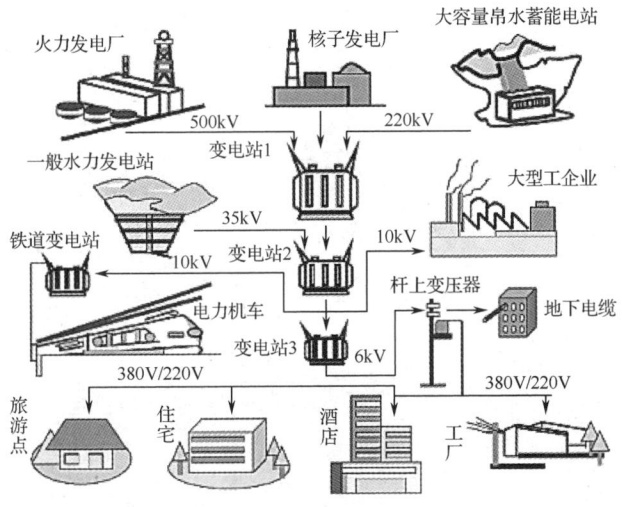

图 2.3.2　发电与输配电过程

知识链接

特高压输电线路

我国电网跨区域输电主要依靠 500kV 交流和±500kV 直流,在提高电力输送能力方面受到技术、环保、土地资源等方面的制约。2008 年年初,国家电网公司发布了《关于转变电网发展方式、加快电网建设的意见》,其指出"到 2020 年,建成特高压交流变电站 53 座,变电容量 3.36 亿千伏安,线路长度 4.45 万千米;建成直流输电工程 38 项,输电容量 1.91 亿千瓦,线路长度 5.23 万千米。特高压及跨区、跨国电网输送容量达到 3.73 亿千瓦。电网技术装备和运行指标达到国际先进水平"。

特高压输电是世界上最先进的输电技术。特高压电网能够适应东西 2000～3000km,南北 800～2000km 远距离大容量电力输送需求,有利于大煤电基地、大水电基地和大型核电站群的开发和电力外送。特高压输电具有明显的经济效益,1 条 1150kV 输电线路的输电能力可代替 5～6 条 500kV 线路,或者 3 条 750kV 线路,可减少铁塔用材三分之一,节约导线二分之一,节省包括变电所在内的电网造价 10%～15%。1150kV 特高压线路走廊约仅为同等输送能力的 500kV 线路所需走廊的四分之一,这对于人口稠密、土地宝贵或走廊困难的国家和地区会带来重大的经济和社会效益。

学习任务 2　磁路与变压器

我们之前已经学习了电路的基本知识，但这还不能够让我们对电工设备进行全面的分析和应用。因为常见的很多电工设备，不仅有电路的问题，还有磁路的问题。因此，我们也要掌握磁路的基本理论。磁路是什么呢？跟电路有什么区别？请阅读表 2.3.2 所示的内容并回答问题。

表 2.3.2　磁路基本知识

磁　路	磁路参数	磁路欧姆定律	安培环路定律	磁感应强度	磁　阻
磁通（主磁通和漏磁通）经过的闭合路径叫作磁路	磁动势 $F=IN=HL$ 磁通 Φ 磁压降 HL 磁阻 R_m 磁导率 μ	$\Phi = F/R_m$	$\sum IN = \sum HL$ $\sum \phi = 0$	$B = F/IL$	$R_m = \dfrac{L}{\mu S}$
电路	电路参数	电路欧姆定律	基尔霍夫定律	电流密度	电阻
在电动势或电压的作用下，电流所流经的路径叫作电路	电动势 E 电流 I 电压 U 电阻 R 电导率 ρ	$I = E/R$	$\sum E = \sum U$ $\sum I = 0$	$J = I/S$	$R = \dfrac{\rho L}{S}$

电路与磁路比较	相同点： （1）跟电路中电流经过电阻便产生电压降一样，在磁路中，磁通经过磁阻便产生_____压降。 （2）磁路中可用_____定律来表示磁通、磁阻和磁动势之间的关系。 不同点： （1）电路中没有电动势，电流等于零。而在磁路没有磁动势时，由于磁滞现象，会存在_____。 （2）电路中电流代表_____的移动，而磁通却不代表任何质点移动。 （3）电路中有断路情况，在磁路中却没有断路的情况，只要有磁动势存在，总会引起相应的磁通，磁通是_____的。 磁路的磁阻是非线性的，一般情况下电路电阻都是_____的

常见磁路		
（a）电磁型继电器的磁路	（b）磁电式仪表的磁路	（c）变压器的磁路

小提示

(1) 磁路分析的主要目的是要确定磁动势和它所产生的磁通的关系,这对了解器件的性能和进行相应的设计都是非常有必要的。

(2) 电路中导电材料的电导率一般远远大于绝缘材料的电导率,所以电路的漏电非常小,基本可以忽略不计。而在磁路中,铁磁材料的磁导率相比于非铁磁材料的磁导率相差并没有那么大,因此在磁路中漏磁通往往不能忽略不计。

(3) 磁路中的基本物理量概念如表 2.3.3 所示。

表2.3.3 磁路中的基本物理量概念

基本物理量	概 念	单 位
磁通	磁通 Φ 是描述磁场在某范围内分布情况的物理量。磁感应强度 B 与垂直于磁场方向的某截面积 S 的乘积称为通过该面积的磁通 Φ	单位为韦伯(Wb)
磁感应强度	磁感应强度 B 是表示磁场中某点的磁场强弱和方向的物理量,它是一个矢量。 在数值上可看作与磁场方向相垂直的单位面积内所通过的磁通,因此,磁感应强度又被称为磁通密度。 磁感应强度 B 与电流之间的方向关系可用右手螺旋定则来确定	单位为特斯拉(T)
磁导率	磁导率 μ 是用来表示磁场媒质磁性的物理量,也就是用来衡量物质导磁能力大小的物理量	单位为亨利每米(H/m)
磁场强度	磁场强度 H 是计算磁场时所引用的一个物理量,它也是矢量。通过它可以确定磁场与电流之间的关系。磁场中某点的磁感应强度 B 与磁导率 μ 的比值被称为该点的磁场强度 H。 在均匀介质中,磁场强度的方向与磁感应强度的方向一致	单位为安培每米(A/m)

各种物质在磁场中的表现不一样,有的会增强磁场,有的会削弱,这与各种物质的磁导率有关。不同物质的磁导率有差异,磁导率高的物质为铁磁材料。铁磁材料的特点与类型有哪些呢?一起来学习铁磁材料的相关知识,如表 2.3.4 所示。

表2.3.4 铁磁材料的相关知识

	铁磁材料性能特点	发现与应用
性能	铁磁性:在很小的磁场作用下就能磁化到饱和。 顺磁性(居里点):在居里温度以下才有铁磁性。在居里温度以上,由于原子磁矩的定向被破坏,铁磁性消失,这时物质转变为顺磁性	19世纪末,著名物理学家皮埃尔·居里(居里夫人的丈夫)在自己的实验室里发现磁石的一个物理特性,就是当磁石加热到一定温度时,原来的磁性就会消失。后来,人们把这个温度叫作"居里点"
特性	磁性:铁磁性材料在外磁场作用下具有被强烈磁化的特性。 磁饱和性:铁磁性材料因磁化而产生的磁感应强度不会随外磁场的增强而无限地增强。 磁滞性:磁感应强度的变化滞后于磁场强度的变化,这种性质被称为磁滞性	铁磁体中的磁滞现象有不同的应用场景。磁带、硬盘和信用卡都利用了铁磁体中的磁滞现象来进行数据的储存。在这些材料中,很显然一个磁极代表一个比特(bit),如北极代表1而南极代表0

续表

铁磁材料性能特点	发现与应用
类型 软磁材料是具有低矫顽磁力（H_c）和高磁导率 μ 的磁性材料。 软磁材料易于磁化，也易于退磁，广泛用于电工设备和电子设备中。应用最多的软磁材料是铁硅合金（硅钢片）和各种软磁铁氧体等 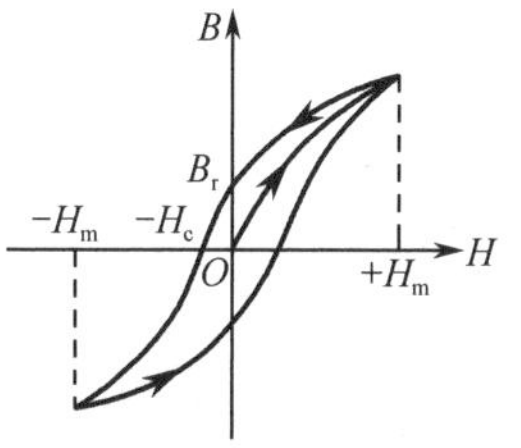	20世纪90年代以来，软磁材料在汽车、新能源、信息、消费电子等领域的小型化和高性能化应用非常广泛。 近年来，出现了采用电驱动装置和电子控制装置实现产品的驱动、自动控制和多功能化的趋势，关键的核心材料之一就是软磁材料。软磁材料在各种器件中起到能量耦合传递及转换的作用
永磁材料又称为"硬磁材料"，是经磁化即能保持恒定磁性的材料，其具有宽磁滞回线、高矫顽磁力和高剩磁（B_r）。 常用的永磁材料分为铝镍钴系永磁合金、铁铬钴系永磁合金、永磁铁氧体、稀土永磁材料和复合永磁材料 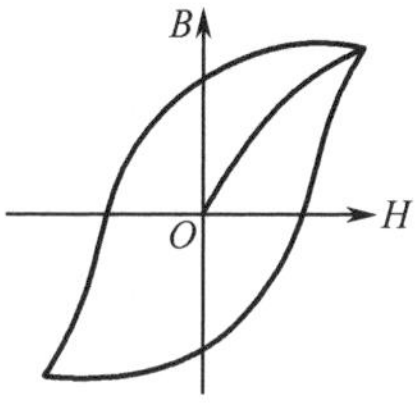	我国是世界上最早发现永磁材料的磁特性并把它应用于实践的国家。在古代，我国就利用永磁材料的磁特性制成了指南针，成为我国古代四大发明之一。 新能源汽车永磁电动机中常用的永磁材料包括烧结磁体跟黏结磁体，主要种类有铝镍钴、铁氧体、钐钴、钕铁硼等
矩磁材料是具有矩形磁滞回线、低矫顽磁力的磁性材料。 当有较小的外磁场作用时，就能使之磁化，并达到饱和；去掉外磁场后，磁性仍然保持与饱和时一样 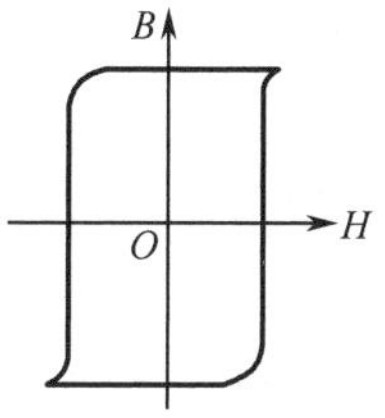	矩磁材料主要用于电子计算机随机存取的记忆装置，还可用于磁放大器、变压器、脉冲变压器等。用这类材料作为磁性涂层可制成磁鼓、磁盘、磁卡和各种磁带等

小提示

（1）铁磁材料的内部存在许多自发磁化的小区域，这些小区域被称为磁畴。在没有外磁场作用时，磁畴的方向各不相同，排列混乱，磁场相互抵消，对外不显示磁性，如图 2.3.3（a）所示。在有外磁场作用时，磁畴的方向将逐渐改变到与外磁场接近或一致的方向上，使铁磁材料内部的磁感应强度大大增强，对外呈现很强的磁性，如图 2.3.3（b）所示，此时，铁磁材料即被强烈磁化了。

（2）当磁场强度减小至 0 时，铁芯在磁化时所获得的磁性并未完全消失，此时，铁芯中的磁感应强度被称为剩磁。永久磁铁中的磁性就是利用剩磁产生的。若要使铁芯中的剩磁消失，则需要向线圈中通入反向电流，进行反向磁化。

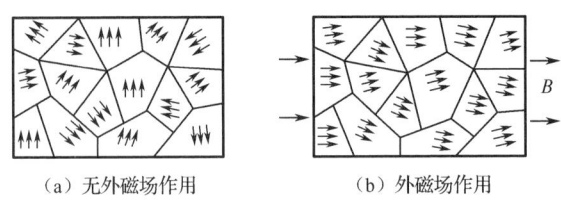

(a) 无外磁场作用　　　　(b) 外磁场作用

图 2.3.3　磁畴

练一练

（1）铁磁材料具有哪些磁性能？

（2）你能说出硬磁材料的特点吗？

变压器是利用电磁感应原理传输电能或信号的器件，具有变压、变流、变阻抗和隔离的作用，是一种常见的电气设备，它的种类很多，在电力系统和电子线路中应用十分广泛。下面一起来学习变压器的相关知识，并完成表 2.3.5 中的内容。

表 2.3.5　变压器的相关知识

分类	（1）按用途：电力变压器和特种变压器； （2）按绕组构成：自耦变压器（一个绕组）、双绕组、三绕组和多绕组变压器； （3）按冷却方式：干式、油浸自冷式、油浸风冷式、强迫油循环风冷式和充气式变压器； （4）按铁芯结构：芯式变压器和壳式变压器

续表

作用	（1）保证用电安全和满足各种电器对电压的需求； （2）利用变压器将高压降低或将低压升高； （3）大功率远距离输电，将电压升高，减小能量损耗及电压损失； （4）具有变换电压、变换电流、变换阻抗、隔离直流等作用	
结构	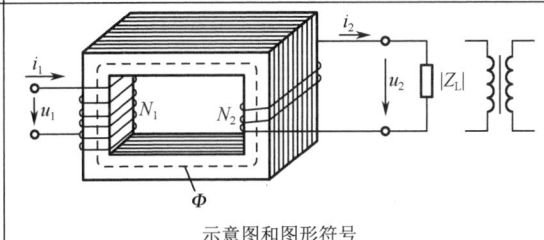 示意图和图形符号	（1）在一个闭合的铁芯上套有两个绕组，绕组与绕组之间，以及绕组与铁芯之间都是____的。 （2）绕组通常用绝缘的____线或____线绕成，与电源相连的绕组被称为____绕组，与负载相连的绕组被称为____绕组。 （3）为了减少铁芯中的____损耗和____损耗，变压器的铁芯大多用薄片叠成
	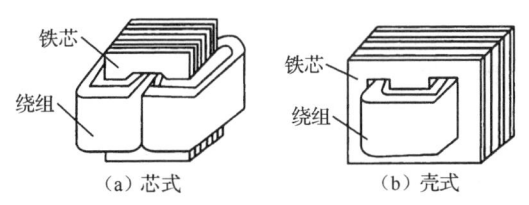 （a）芯式　　　　（b）壳式	变压器按铁芯和绕组的组合形式可分为____和____两种。 （1）芯式变压器的铁芯被绕组包围，芯式变压器用铁量比较____，多用于____容量的变压器，一般电力变压器都采用芯式结构。 （2）壳式变压器的铁芯包围绕组，壳式变压器用铁量比较____，不需要专门的变压器外壳，电子设备和仪器中的变压器常用____容量的变压器
原理	电压变换	由于副边开路，这时变压器的原边电路相当于一个交流铁芯线圈电路。$U_{10}/U_{20} \approx E_1/E_2 = 4.44 f N_1 \Phi_m / 4.44 f N_2 \Phi_m = N_1/N_2 = K$ 式中，$K = N_1/N_2$，称为变压器的电压比；f 为交流电源的频率；Φ_m 为主磁通的最大值；当 $K>1$ 时，变压器为降压变压器；当 $K<1$ 时，变压器为升压变压器。 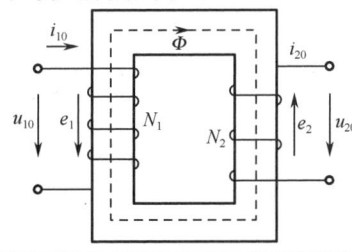 已知原边电压为220V，副边空载电压为20V，副绕组匝数为150匝，求变压器变比 K 及 N_1
	电流变换	变压器的原绕组接交流电源，副绕组接负载，变压器向负载供电，这种运行状态被称为负载运行。在原绕组的外加电压 U_{10} 和频率 f 不变的情况下，主磁通 Φ_m 基本保持不变。因此原、副绕组电流有效值的关系为 $I_1/I_2 = N_2/N_1 = U_2/U_1 = 1/K$。 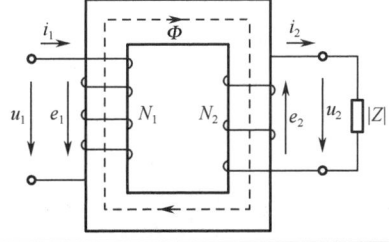 已知变压器原边电压 $U_1 = 4400V$，副边电压 $U_2 = 220V$，负载是一个功率为44kW的电阻炉，忽略变压器漏磁和损耗，分别求变压器的原、副绕组的电流

续表

原理	阻抗变换	变压器除了有变压和变流的作用，还有变换阻抗的作用，以实现阻抗匹配。下图中虚线框内的电路可用另一个阻抗模 $\|Z'_L\|$ 来等效代替，即它们从电源吸取的电流和功率相等，接在电源上的阻抗模 $\|Z'_L\|$ 和接在变压器副绕组的负载阻抗模 $\|Z_L\|$ 是等效的。 当忽略变压器的漏磁和损耗时，等效阻抗可通过 $\|Z'_L\| = U_1/I_1 = \dfrac{U_1}{U_2} \cdot \dfrac{I_2}{I_1} \cdot \dfrac{U_2}{U_1} = \dfrac{N_1}{N_2} \cdot \dfrac{N_1}{N_2} \cdot \|Z_L\| = K^2 \|Z_L\|$ 求得。 如下图所示，交流信号源的电动势 $E=120\text{V}$，内阻 $R_0=800\Omega$，负载电阻 $R_L=8\Omega$。当 R_L 折算到一次侧的等效电阻 $R'_L = R_0$ 时，求变压器的匝数比和信号源输出的功率。
参数	额定电压 U_{1N} 和 U_{2N}	额定电压是根据变压器的绝缘强度和允许温升而规定的正常工作电压有效值，单位为____或____。变压器的额定电压有原绕组额定电压 U_{1N} 和副绕组额定电压 U_{2N}
	额定电流 I_{1N} 和 I_{2N}	额定电流是指变压器长期工作时，根据其允许温升而规定的正常工作电流有效值，单位为____。变压器的额定电流有原绕组额定电流 I_{1N} 和副绕组额定电流 I_{2N}
	额定容量 S_N	变压器的额定容量是指变压器副绕组 U_{2N} 和 I_{2N} 的乘积，单位为____或____。额定容量反映了变压器传递电功率的能力，它与变压器的实际输出功率是不同的
	额定频率 f_N	额定频率是指变压器应接入的电源频率。我国电力系统工业用电的标准频率为_____
应用	自耦变压器	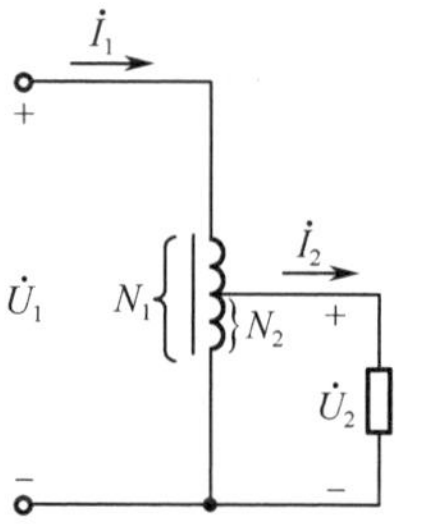 如果变压器的原、副绕组共用____绕组，其中副绕组为原绕组的一部分，那么这种变压器叫作自耦变压器
	仪用互感器是在交流电路中专供电工测量和自动保护装置使用的变压器。仪用互感器按用途不同可分为_____和_____两种	

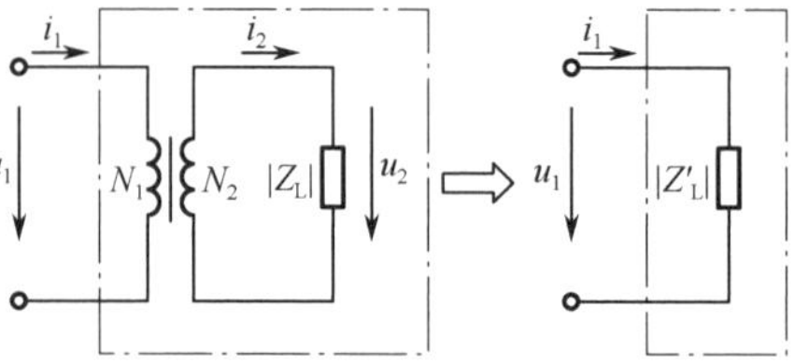

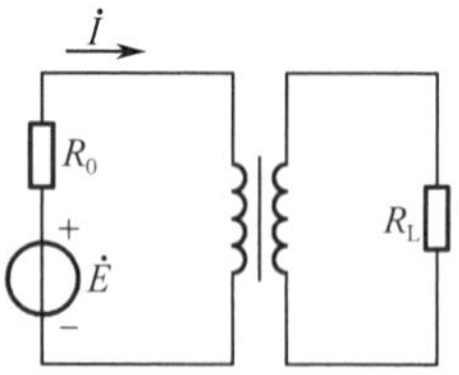

续表

应用		
	电压互感器	电压互感器是常用来扩大电压测量范围的仪器，其原绕组匝数____，与被测量的高压电网并联，副绕组匝数____，与电压表或功率表的电压线圈连接
	电流互感器	电流互感器是常用来扩大电流测量范围的仪器，它的原绕组匝数____，与被测量的主线路串联，副绕组匝数较____，导线较细，与电流表或功率表的电流线圈连接
	三相电力变压器	在电力系统中，用于变换三相交流电压、输送电能的变压器被称为三相电力变压器。三相电力变压器的冷却方式通常都采用____，铁芯和绕组都浸在装有绝缘油的油箱中，通过油管将热量散发于大气中。

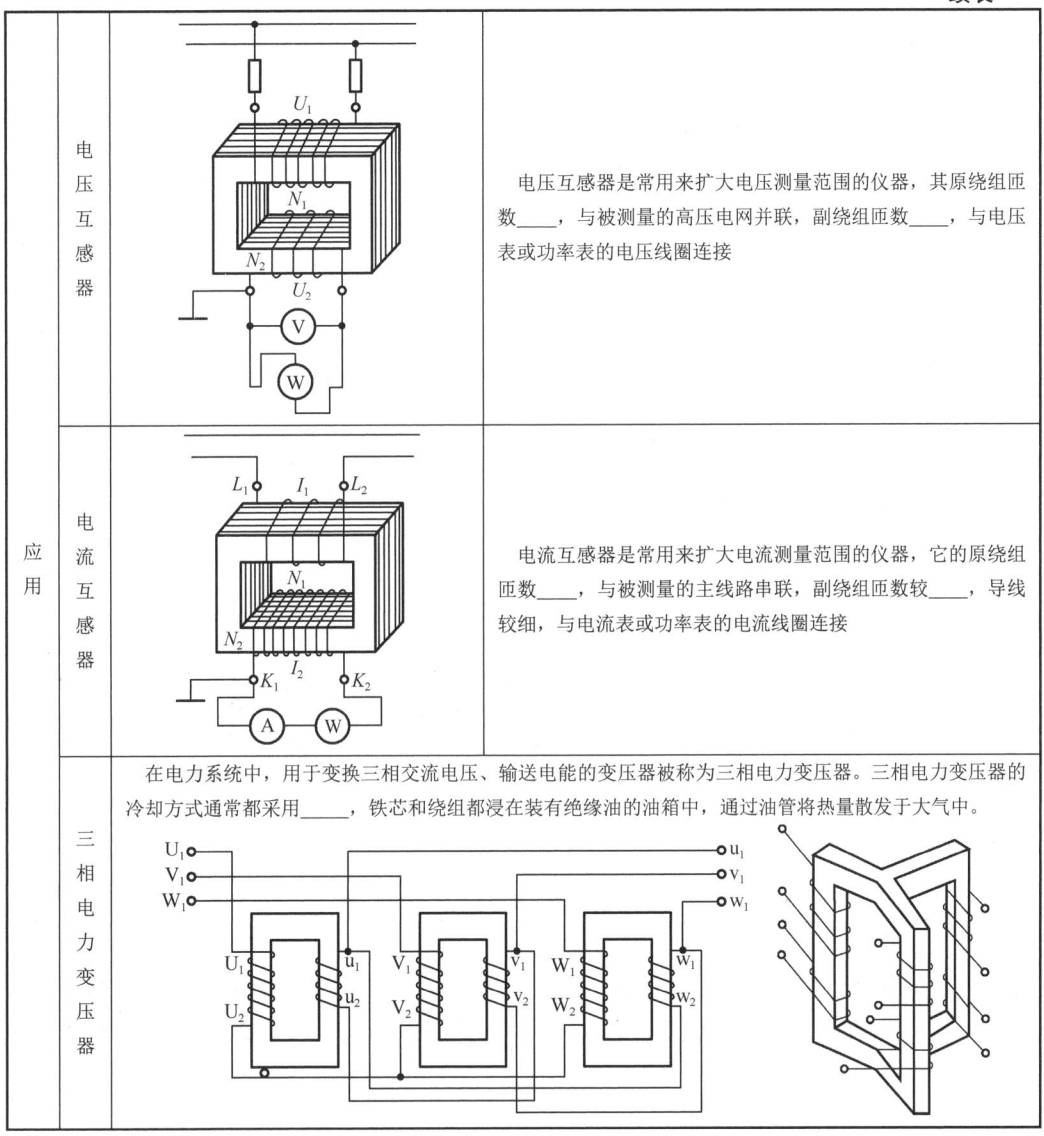

学习任务 3　安全用电与急救

如果对于电能及其电气设备使用不合理、安装不当、维修不及时或违反电气操作规程等,则可能造成停电停产、损坏设备、引起火灾,甚至造成人身伤亡等严重事故,因此必须十分重视安全用电知识和安全用电措施。下面一起来学习安全用电的相关知识,请阅读表 2.3.6 的内容并回答问题。

表 2.3.6　安全用电相关知识

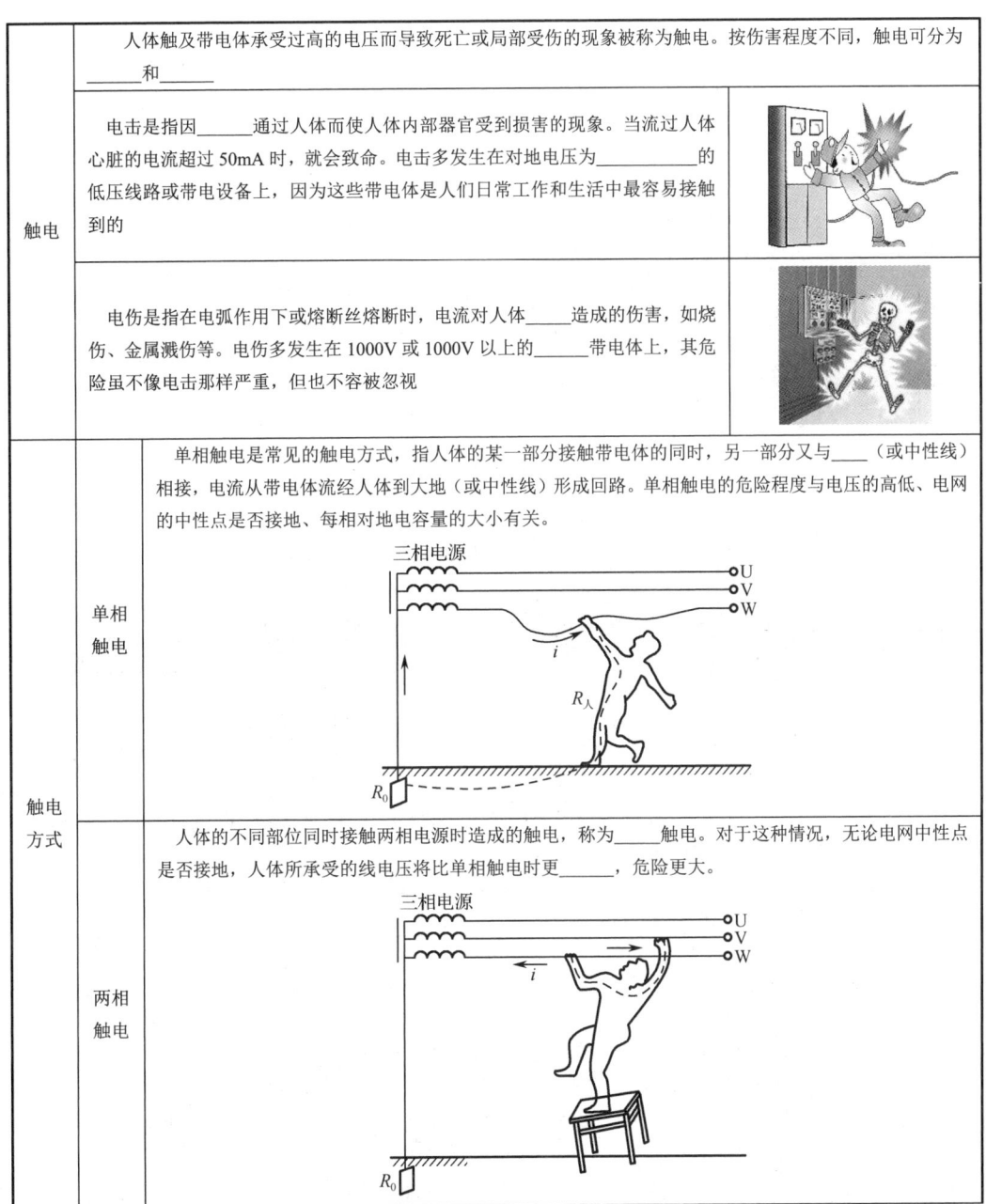

触电	人体触及带电体承受过高的电压而导致死亡或局部受伤的现象被称为触电。按伤害程度不同,触电可分为 _____ 和 _____	
	电击是指因 _____ 通过人体而使人体内部器官受到损害的现象。当流过人体心脏的电流超过 50mA 时,就会致命。电击多发生在对地电压为 _____ 的低压线路或带电设备上,因为这些带电体是人们日常工作和生活中最容易接触到的	
	电伤是指在电弧作用下或熔断丝熔断时,电流对人体 _____ 造成的伤害,如烧伤、金属溅伤等。电伤多发生在 1000V 或 1000V 以上的 _____ 带电体上,其危险虽不像电击那样严重,但也不容被忽视	
触电方式	单相触电	单相触电是常见的触电方式,指人体的某一部分接触带电体的同时,另一部分又与 _____(或中性线)相接,电流从带电体流经人体到大地(或中性线)形成回路。单相触电的危险程度与电压的高低、电网的中性点是否接地、每相对地电容量的大小有关。
	两相触电	人体的不同部位同时接触两相电源时造成的触电,称为 _____ 触电。对于这种情况,无论电网中性点是否接地,人体所承受的线电压将比单相触电时更 _____,危险更大。

续表

触电方式	接触电压触电	电气设备因绝缘损坏或其他原因造成接地故障时,如人体的两个部位(手和脚)同时接触设备_____和_____,两个部位会处于不同的电势,其电势差称为_____电压。由接触电压造成的触电事故被称为接触电压触电。人体触及带电设备的外壳时,其情形相当于单相触电	
	跨步电压触电	在高压输电线断线落地时,有强大的电流流入大地,在接地点周围将形成_____分布。当人在接地点周围行走时,其两脚之间的电位差被称为跨步电压。在跨步电压作用下,电流通过人体,将会造成跨步电压触电	
	感应电压触电	当人体触及带有感应电压的设备或线路时所造成的触电事故。一些不带电的线路由于天气变化(如雷电),会产生感应电荷。停电后,一些可能感应电压的设备和线路如果未及时接地,那么这些设备和线路对地均存在感应电压,当人体碰触到这些线路或设备时就会产生感应电压触电	
预防触电措施			
	工作接地	工作接地是指为保证电气设备正常工作而进行的接地,即将中性点接地。目的是降低触电电压;迅速切断故障;降低电气设备对地的绝缘水平	
	保护接地	保护接地是指为保证人身安全,防止人体接触设备外露部分而触电的一种接地形式。在中性点不接地系统中,设备外露部分必须与大地进行可靠电气连接,即进行保护接地	
	保护接零	保护接零是指在电源中性点接地系统中,将设备需要接地的外露部分与电源中性线直接连接。相当于设备外露部分与大地进行了电气连接	
	重复接地	在电源中性线做了工作接地的系统中,为确保保护接零的可靠,还需要相隔一定距离将中性线或接地线重新接地,这被称为重复接地	
	漏电保护	在电气设备发生漏电或接地故障而人体尚未触及时,漏电保护装置已切断电源;或者在人体已触及带电体时,漏电保护装置能在非常短的时间内切断电源,减轻对人体的危害	
触电急救	脱离电源	当发生触电事故时,应迅速将触电者脱离电源。 (1)切断电源,如拉开刀闸或保险盒等。 (2)站在干木板或木凳上拉住触电者的干衣服,使其脱离电源。操作中切不可触及触电者的皮肤。 (3)用干木棍挑开电线。 (4)用刀、斧、锄等将电线砍断或撬断。注意,使用的工具必须是带绝缘柄的,不可接触电线的裸露部分和触电者。 (5)用绝缘导线将触电者接地	

模块2　交流电路分析与应用

续表

触电急救	急救处理	在触电者脱离电源后，应立即就近移至干燥通风的位置，分情况进行现场救护，同时通知医务人员。 （1）若触电者神志清醒，静卧休息即可。 （2）若触电者神志断续清醒，并一度出现昏迷，则需要静卧休息，并请医生救治。 （3）若触电者已失去知觉，但呼吸、心跳尚存，则应给其闻一些氨水，摩擦全身，使其发热，同时请医生救治。 （4）若触电者呼吸、心跳停止，出现假死现象，则应针对不同情况进行处理	
安全用电措施	建立健全各种操作规程和安全管理制度		
	采用技术防护措施：为了防止人身触电事故，通常采用的技术防护措施有电气设备的接地和接零、安装低压触电保护器两种方式		

练一练

观看视频，运用低压电工证考证设备进行人工呼吸及胸外心脏按压急救练习。

评价反馈

（1）检查训练任务的标准：真实、完整、有效。
（2）按各学习活动进行自评或互评。
评价反馈表如表2.3.7所示。

表2.3.7　评价反馈表

评价指标	考核指标	自评	互评	师评	均分	总评
任务完成情况（40分）	安全操作与规范（10分）					
	完成任务过程情况（5分）					
	完成任务质量（5分）					
	成员在小组任务中的作用（5分）					
	引导问题填写（5分）					
	关键操作要领掌握（5分）					
	作品分享（5分）					
专业知识（30分）	人工呼吸操作步骤（15分）					
	胸外心脏按压法（15分）					
职业素养（30分）	学习态度：积极主动、参与学习、创新思维（10分）					
	团队合作：沟通协作、参与讨论（10分）					
	现场管理：工位安排、5S管理、环保节能（10分）					
	综合评价等级					

拓展练习

（1）变压器是既能变换＿＿＿＿、变换＿＿＿＿，又能变换＿＿＿＿的电气设备。

（2）根据工程上用途的不同，铁磁材料一般可分为_____材料、_____材料和_____材料三大类，其中电动机、电器的铁芯通常采用____材料制作。

（3）发电厂向外输送电能时，应通过_____变压器将发电机的出口电压进行变换后输送；分配电能时，需要通过_____变压器将输送的_____变换后供应给用户。

（4）变压器的损耗越大，其效率就越低。（   ）

（5）电动机、电器的铁芯通常都是用软磁材料制作的。（   ）

（6）电压互感器实际上是降压变压器，其原、副方匝数及导线截面情况是（   ）。

A．原方匝数多，导线截面小　　　　　　B．副方匝数多，导线截面小

C．副方匝数多，导线截面大

（7）自耦变压器不能作为安全电源变压器的原因是（   ）。

A．公共部分电流太小　　B．原、副边有电的联系　　C．原、副边有磁的联系

（8）变压器能否改变直流电压？为什么？

（9）为什么铁芯不用普通的薄钢片而用硅钢片呢？

（10）已知输出变压器的变比 $K=10$，副边所接负载电阻为 8Ω，原边信号源电压为 10V，内阻 $R_0=200\Omega$，求负载上获得的功率。

(11)为什么制作铁芯不用普通的薄钢片而用硅钢片?制作电动机电器的芯子能否用整块铁芯或不用铁芯?

(12)具有铁芯的线圈电阻阻值为 R,加直流电压 U 时,线圈中通过的电流 I 为何值?若铁芯有气隙,则当气隙增大时电流和磁通哪个改变?为什么?若线圈加的是交流电压,则当气隙增大时,线圈中电流和磁通又是哪个改变?为什么?

模块 3　模拟电路分析与应用

19 世纪末 20 世纪初，模拟电子技术作为一门新兴技术，在世界范围内广泛发展起来。尤其在 20 世纪初，模拟电子技术成为近代科学发展最重要的标志。21 世纪，模拟电子技术的发展获得了空前的成功，广泛应用在生产与生活的方方面面。因此，学习模拟电子技术不仅是学习各种学科的基础，还可以培养我们分析和解决现实生活中很多问题的能力。

学习地图

模拟电路的关键电子元器件是半导体二极管、三极管、场效应管等。本模块主要学习电子元器件及其应用，为数字电路及计算机应用、电子技术的学习打好基础。

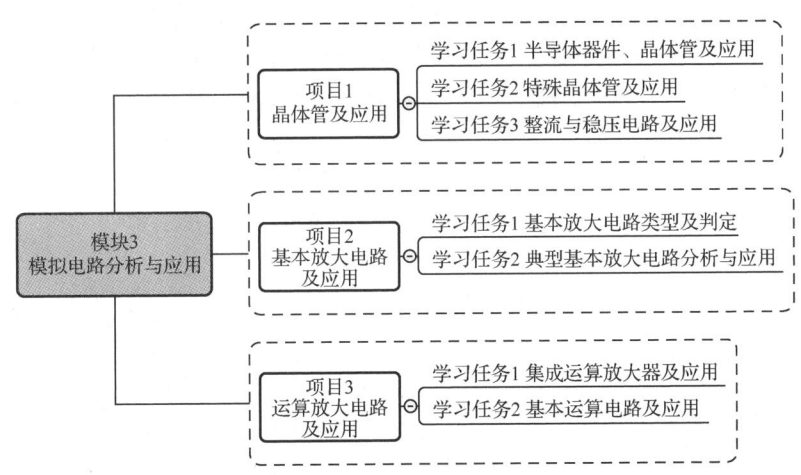

项目 1　晶体管及应用

学习地图

半导体器件是在 20 世纪 50 年代初发展起来的电子元器件，由于具有体积小、质量轻、使用寿命长、输入功率小、功率转换效率高等突出优点，已广泛应用于家电、汽车、计算机及工业控制技术等领域，被人们视为现代电子技术的基础。本项目从半导体的特点和 PN 结的单向导电性入手，介绍最常用的半导体器件及其工作特性，为后面讨论的放大电路和整流电路等内容奠定基础。

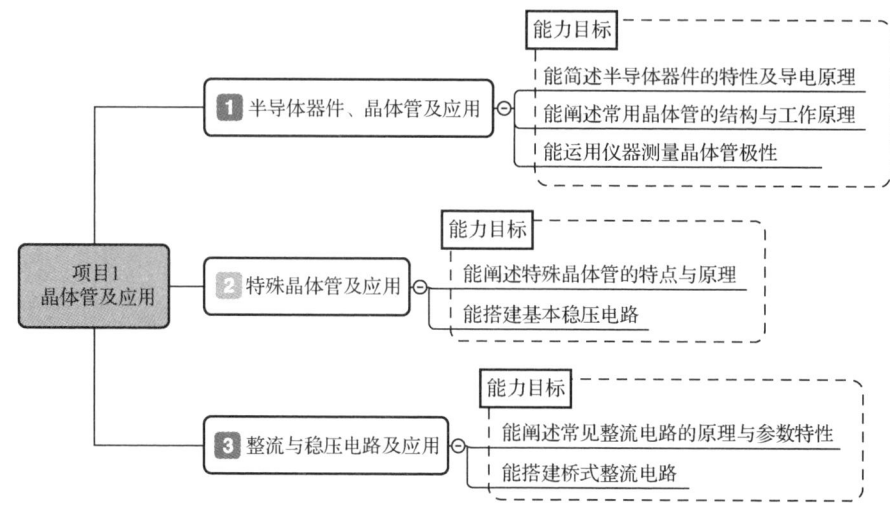

任务导入

半导体器件是构成各种电子电路最基本的器件,常用的半导体器件有半导体二极管、三极管、场效应管等。为了正确和有效地使用这些常用的半导体器件,必须对它们的结构原理及外引线表现出来的电压、电流关系及其性能等有一个基本的认识,通过对各种半导体器件的特征和工作原理的学习,分析由它们构成的各种基本电路,从而了解电路的基本作用和功能。

模块 3 模拟电路分析与应用

学习任务 1　半导体器件、晶体管及应用

要学习半导体器件，首先要了解半导体的定义、分类和特性。

半导体器件是导电能力介于导体与绝缘体之间，利用半导体材料的特殊电特性来完成特定功能的电子器件，可用来产生、控制、接收、变换、放大信号和进行能量转换。请阅读表 3.1.1 的内容。

表 3.1.1　物质导电类型及材料

物 质 分 类	特　　性	材　料
导体	很容易导电，电阻率小于 $10^{-4}\Omega\cdot cm$	铜、铝、银等金属材料
半导体	导电能力介于导体和绝缘体之间，电阻率为 $10^{-4}\sim10^{10}\Omega\cdot cm$。环境条件的变化会影响半导体材料的导电能力，半导体具有热敏性、光敏性、掺杂性	硅和锗
绝缘体	很难导电，电阻率大于 $10^{10}\Omega\cdot cm$	塑料、橡胶、陶瓷等

小提示

半导体之所以被作为制造电子器件的主要材料，是因为它具有热敏性、光敏性和掺杂性。

（1）热敏性：半导体的导电能力随着温度的升高而迅速增强的特性。利用这种特性可制成各种热敏元件，如热敏电阻等。

（2）光敏性：半导体的导电能力随着光照的变化有显著改变的特性。利用这种特性可制成光电二极管、光电三极管和光敏电阻等。

（3）掺杂性：半导体的导电能力因掺入微量杂质而发生很大变化的特性。利用这种特性可制成二极管、三极管和场效应管等。

导体之所以能够导电是因为其内部存在携带电荷参与导电的自由电子，即载流子。根据载流子数量的多少，可将半导体分为杂质半导体和本征半导体，下面一起来学习相关知识，如表 3.1.2 所示。

表 3.1.2　半导体类型及原理

	类　型	形 成 原 理	载　流　子	
			多数	少数
杂质半导体	**N 型** 在硅（或锗）中掺入微量五价元素磷	磷原子有 5 个价电子，它与周围的硅原子组成共价键时，多余的 1 个价电子很容易摆脱原子核的束缚成为自由电子。这种半导体导电主要靠电子，所以被称为电子型半导体或 N 型半导体。		

续表

杂质半导体	P型 在硅（或锗）中掺入微量三价元素硼	硼原子有 3 个价电子，它与周围的硅原子组成共价键时，因缺少 1 个价电子而形成 1 个空穴，相邻的价电子很容易填补这个空穴，形成新的空穴。这种半导体导电主要靠空穴，所以被称为空穴型半导体或 P 型半导体。		
	注意：在杂质半导体中，虽然两种载流子的数目不等，但整块半导体中的正、负电荷仍相等，保持电中性			
本征半导体	常用的半导体材料是____和____，它们都是具有共价键结构的____元素。因此，纯净半导体具有晶体结构，我们把具有晶体结构的纯净半导体称为_____半导体。 本征半导体虽然有载流子，但仍然呈_____。			

通过一定的制造工艺，使一块 P 型半导体和一块 N 型半导体结合在一起，在其交界处会形成一个特殊的区域，称为 PN 结。PN 结是构成半导体器件的基本单元，下面一起来学习其特性，如表 3.1.3 所示。

表 3.1.3　PN 结形成及特性

PN结形成	在交界面附近，P 型半导体一侧的多数载流子（____）和 N 型半导体一侧的多数载流子（_____）由于浓度差形成扩散运动，即 P 区的空穴向 N 区扩散，与 N 区的电子复合；N 区的电子向 P 区扩散，与 N 区的空穴复合。 因载流子的复合在交界面两侧形成了一个电离层，P 区一侧带____电，N 区一侧带____电，这个电离层成了 PN 结。在扩散的过程中也形成了空间电荷区（内电场）	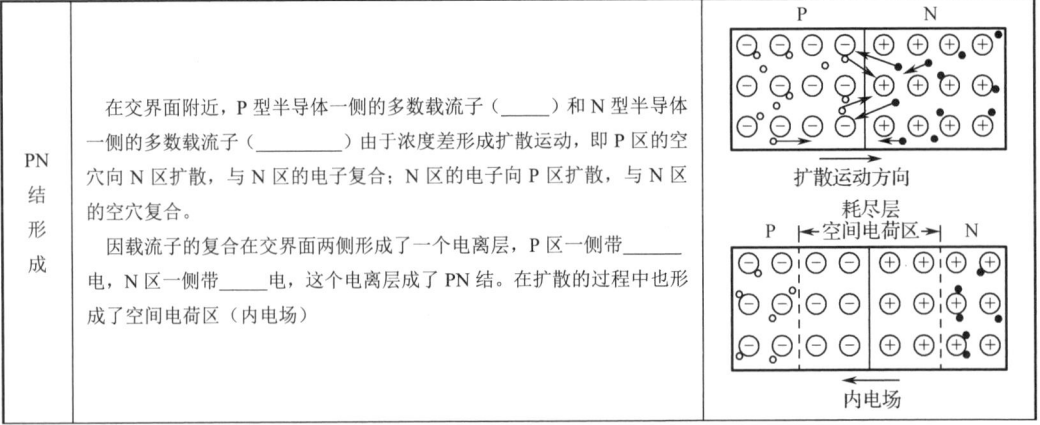

续表

PN结单向导电性		PN结无外加电压时，流过PN结的电流为0；当为其外加一定的电压时，根据所加电压的极性不同，PN结的导电特性也不同。通常将加在PN结上的电压称为偏置电压。单向导电性是PN结的重要特性，也是晶体二极管、三极管等半导体器件导电特性的基础	
	正向偏置	给PN结外加正向偏置电压，即P区接电源正极，N区接电源负极，称PN结为正向偏置。 外电场有利于扩散运动，多数载流子的扩散运动加强，中和一部分空间电荷，使整个空间电荷区变窄，并形成较大的扩散电流，其方向由P区指向N区，称为正向电流。此时，PN结处于_____状态	（1）PN结变_____。 （2）PN结的正向电阻很_____。 （3）PN结内部从P区到N区流过较大的正向电流I P→|变窄|←N 内电场方向 外电场方向
	反向偏置	给PN结外加反向偏置电压，即N区接电源正极，P区接电源负极，称PN结为反向偏置。 外电场与内电场的方向一致，加强了内电场，使空间电荷区变宽。此时，漂移电流（少数载流子的漂移运动）将超过扩散电流（多数载流子的扩散运动），其方向由N区指向P区，称为反向电流。由于常温下少数载流子的数量很少，所以反向电流很小。此时，PN结处于_____状态	（1）PN结变_____。 （2）PN结的反向电阻很_____。 （3）PN结内部只有很小的反向电流I流过 P→|变宽|←N 内电场方向 外电场方向 I≈0

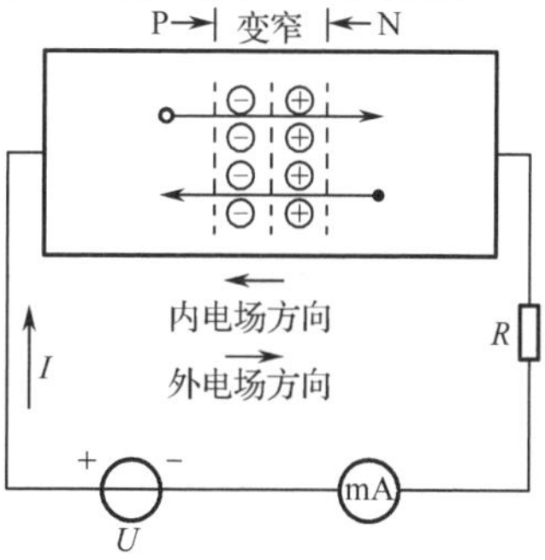

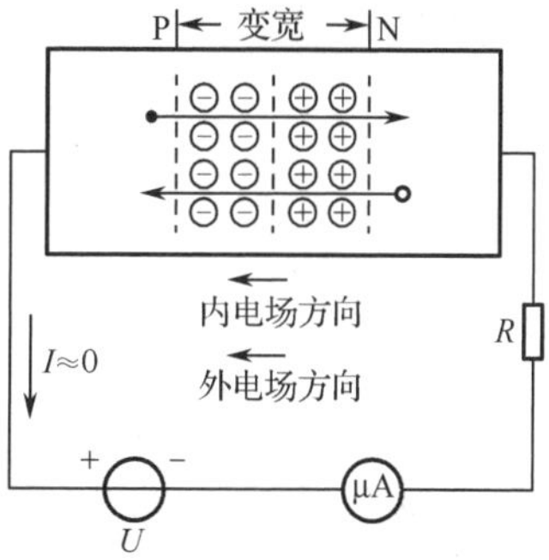

利用PN结可制成二极管，下面一起来学习二极管的相关知识，如表3.1.4所示。

表3.1.4 二极管类型及特性

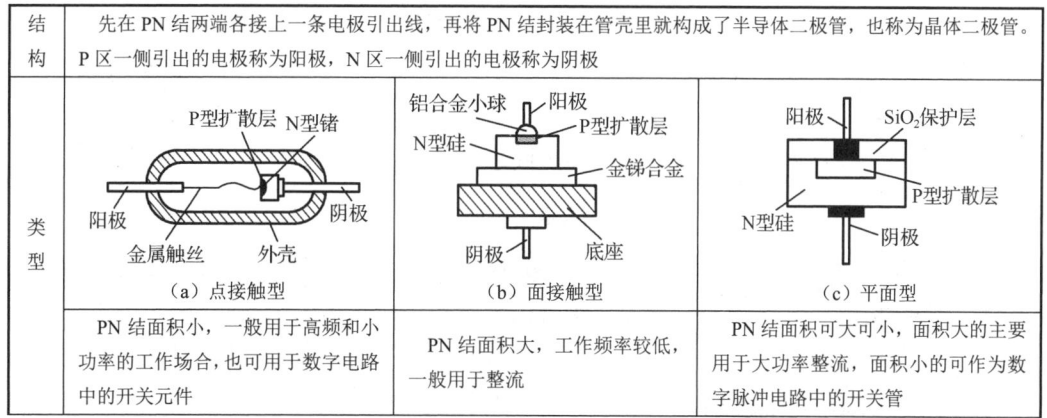

结构	先在PN结两端各接上一条电极引出线，再将PN结封装在管壳里就构成了半导体二极管，也称为晶体二极管。P区一侧引出的电极称为阳极，N区一侧引出的电极称为阴极		
类型	（a）点接触型	（b）面接触型	（c）平面型
	PN结面积小，一般用于高频和小功率的工作场合，也可用于数字电路中的开关元件	PN结面积大，工作频率较低，一般用于整流	PN结面积可大可小，面积大的主要用于大功率整流，面积小的可作为数字脉冲电路中的开关管

续表

	电路图	与电源的连接方式	二极管正向电阻	流过二极管的电流	灯泡的状态
单向导电性	U_{cc} VD	电源____极连二极管阳极,加____向电压	很小	有较大电流	灯泡亮
	U_{cc} VD	电源____极连二极管阳极,加____向电压	很大	几乎没有电流	灯泡不亮
	结论:二极管具有加正向偏压_____、加反向偏压_____的特性				
伏安特性	正向特性	当二极管所加正向电压较小时,二极管呈现电阻大、正向电流很小的特性,与这一部分相对应的电压被称为死区电压或阈值电压。 死区电压与二极管的____及____等因素有关。在室温下,硅管的死区电压约为0.5V,锗管的死区电压约为0.1V。 当正向电压大于死区电压后,二极管呈现很小的电阻,二极管正向导通。导通后,正向电流急剧增大,电压与电流的关系基本上为一指数曲线。导通后的正向压降,硅管约为____V,锗管约为____V。			
	反向特性	二极管两端加反向电压时,反向电流____且在一定电压范围内恒定,称为反向饱和电流I_R。在正常情况下,硅二极管的I_R在几微安以下,锗二极管的I_R一般为几十至几百微安。 当反向电压增大到一定值时,反向电流急剧增大,二极管失去单向导电性,这一现象被称为____,所对应的电压被称为____,一般用____表示。 反向击穿会造成PN结损坏(烧毁),但只要反向电流不超过I_R,PN结就不会被损坏,稳压二极管就是利用这一特性制成的。 普通二极管的反向击穿电压一般在几十伏以上,高反压管的反向击穿电压可达几千伏			

做一做

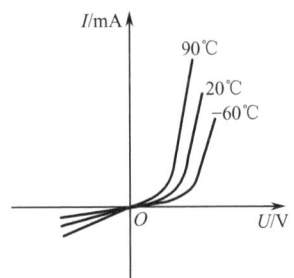

图 3.1.1 温度对伏安特性的影响

设计一个二极管电路,验证二极管的单向导电性。

小提示

(1)二极管是对温度比较敏感的器件,温度的变化会激发二极管内部参与导电物质的活跃程度。

(2)在图 3.1.1 中,温度升高,正向特性曲线向左移动,反向特性曲线向下移动。

二极管单向导电性实验

模块 3 模拟电路分析与应用

（3）在室温附近，温度每升高 1℃，正向压降减小 2～2.5mV；温度每升高 10℃，反向电流约增大 1 倍。

在各种电子电路中，利用二极管和电阻、电容、电感等器件进行合理的连接，构成不同功能的电路，可以实现交流电整流、调制信号检波、限幅和钳位，以及电源电压的稳压等功能，起到保护电路、延长电路寿命等作用。下面一起来学习二极管几种典型的应用，如表 3.1.5 所示。

表 3.1.5　二极管的应用

作用	说明
钳位作用	钳位表示限制电路中的电压，钳位二极管应用二极管正向导通、反向截止的特性来控制电路中某一点的电位 例：VD_A 和 VD_B 为硅二极管，若 $U_A=3V$，$U_B=0V$，则求输出端 F 的电压值 U_F。 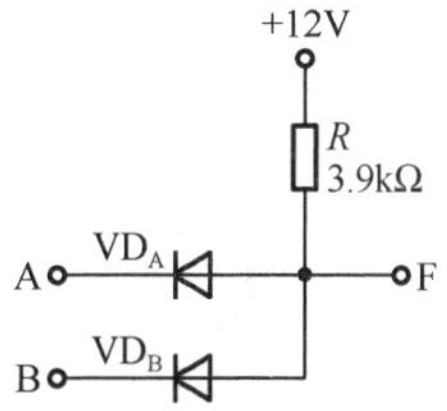
整流作用	利用二极管的＿＿＿＿，可以把大小和方向都随时间发生变化的正弦交流电变为＿＿＿＿，称为整流 $u_i > u_o$ 时，二极管 VD＿＿＿＿，$u_i = u_o$； $u_i < u_o$ 时，二极管 VD＿＿＿＿，$u_o = 0$。
限幅作用	限幅就是将信号的幅值限制在所需要的范围之内。利用二极管导通后，两端电压基本不变的特点，可组成限幅电路 例：输入电压 u_i 为正弦波，其幅值大于 0.7V，VD_1 和 VD_2 为硅二极管，分析输出电压 u_o。 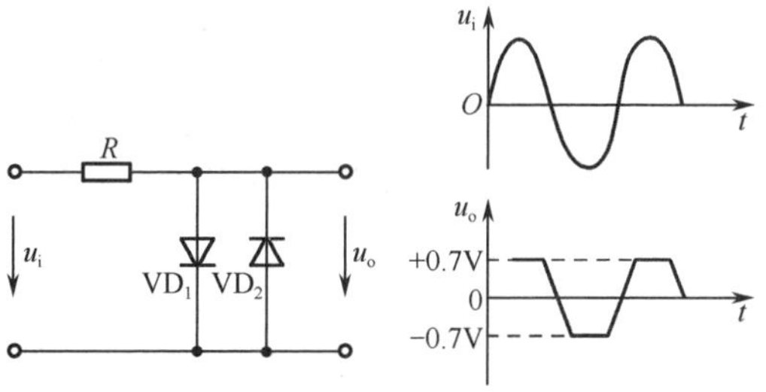

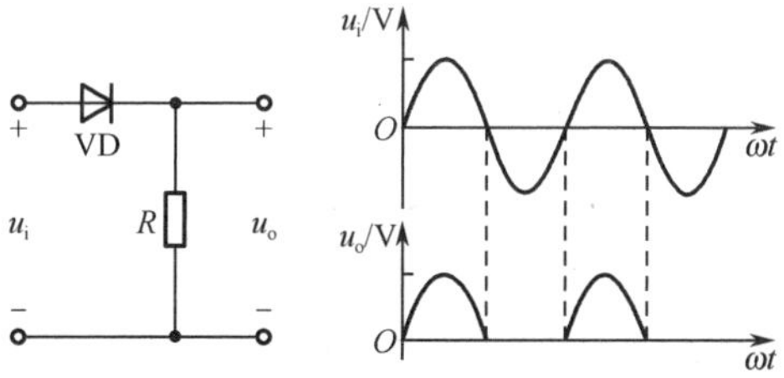

做一做

（1）设计一个二极管电路，验证二极管的限幅作用。

（2）二极管作为使用最广泛的半导体器件，掌握其极性和好坏的判断是学习汽车电工电子技术的基本技能，试着写出用数字万用表判断二极管极性的过程。

二极管限幅作用实验

半导体三极管又称为晶体三极管,是最重要的电子元器件,它的放大作用和开关作用促进了电子技术的飞速发展。

半导体三极管是一种电流控制器件,即用一个小的基极电流信号控制集电极的大电流信号。它的放大作用实质上是一种控制作用,而非能量的放大。大信号的能量必须另有电源提供,否则不能实现电流的放大。

下面分别来学习半导体三极管的结构、分类及特性,如表3.1.6所示。

表3.1.6 半导体三极管结构、分类及特性

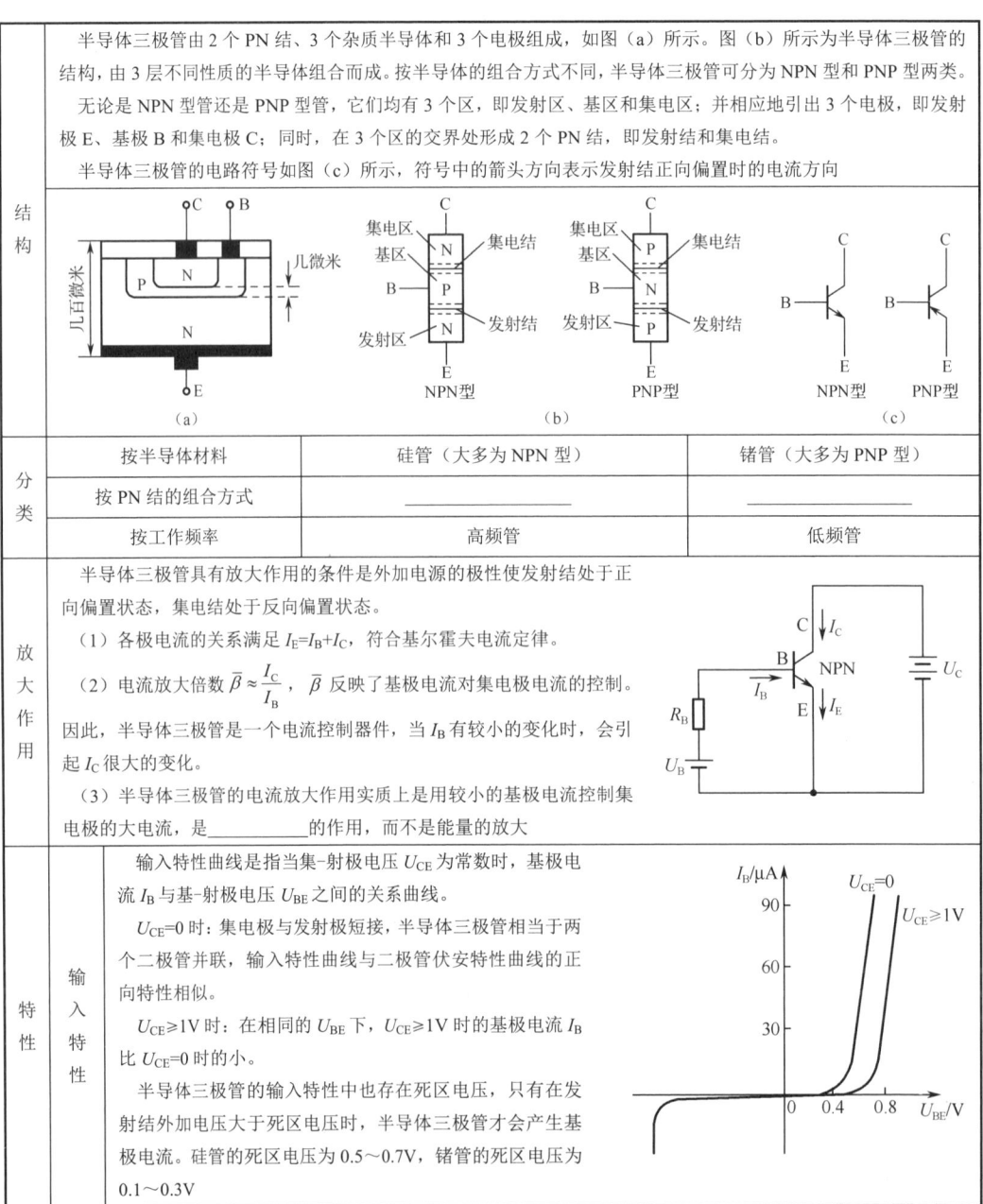

续表

特性	输出特性		
	\[输出特性说明\]		
	输出特性曲线是指当基极电流 I_B 为常数时，输出电路（集电极电路）中集电极电流 I_C 与集-射极电压 U_{CE} 之间的关系曲线。在不同的 I_B 下，可得出不同的曲线，所以，半导体三极管的输出特性曲线是一组曲线，如下图所示。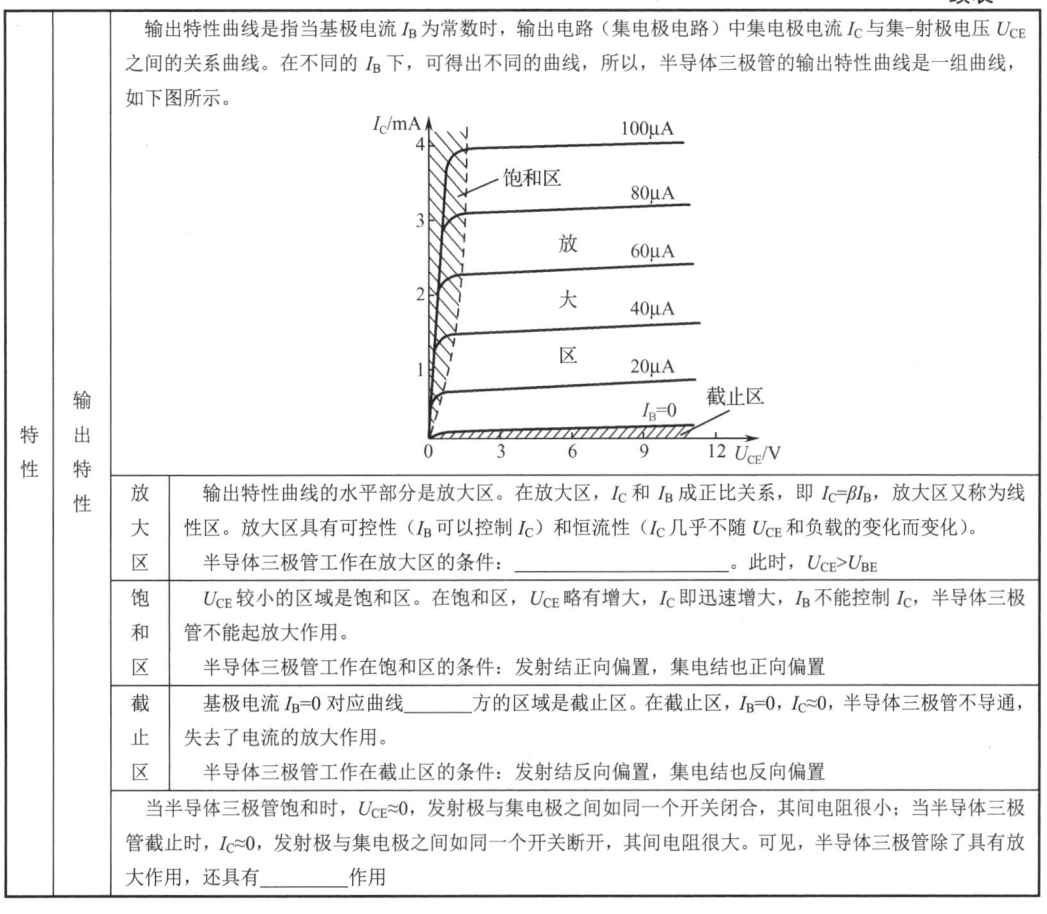		
	放大区	输出特性曲线的水平部分是放大区。在放大区，I_C 和 I_B 成正比关系，即 $I_C=\beta I_B$，放大区又称为线性区。放大区具有可控性（I_B 可以控制 I_C）和恒流性（I_C 几乎不随 U_{CE} 和负载的变化而变化）。	
		半导体三极管工作在放大区的条件：_____。此时，$U_{CE}>U_{BE}$	
	饱和区	U_{CE} 较小的区域是饱和区。在饱和区，U_{CE} 略有增大，I_C 即迅速增大，I_B 不能控制 I_C，半导体三极管不能起放大作用。	
		半导体三极管工作在饱和区的条件：发射结正向偏置，集电结也正向偏置	
	截止区	基极电流 $I_B=0$ 对应曲线_____方的区域是截止区。在截止区，$I_B=0$，$I_C≈0$，半导体三极管不导通，失去了电流的放大作用。	
		半导体三极管工作在截止区的条件：发射结反向偏置，集电结也反向偏置	
	当半导体三极管饱和时，$U_{CE}≈0$，发射极与集电极之间如同一个开关闭合，其间电阻很小；当半导体三极管截止时，$I_C≈0$，发射极与集电极之间如同一个开关断开，其间电阻很大。可见，半导体三极管除了具有放大作用，还具有_____作用		

小提示

（1）半导体三极管具有"开关"和"放大"两种功能，当半导体三极管工作在饱和区与截止区时，相当于开关的闭合与断开，即有开关的特性，可用于数字电路中；当半导体三极管工作在放大区时，它有电流放大的作用，可应用于模拟电路中。

（2）半导体三极管工作区的判断非常重要，当放大电路中的半导体三极管不工作在放大区时，放大信号就会出现严重失真。

做一做

半导体三极管在电子电路中应用广泛，在学习汽车电工电子技术时，需要学会辨别半导体三极管的好坏及其在电路中的工作状态，了解半导体三极管基本的工作原理和应用。试着用数字万用表判断半导体三极管的好坏及引脚的好坏。

三极管导电方向实验

评价反馈

（1）检查训练任务的标准：真实、完整、有效。
（2）按各学习活动进行自评或互评。

评价反馈表如表 3.1.7 所示。

表 3.1.7 评价反馈表

评价指标	考核指标	自评	互评	师评	均分	总评
任务完成情况（40分）	安全操作与规范（10分）					
	完成任务过程情况（5分）					
	完成任务质量（5分）					
	成员在小组任务中的作用（5分）					
	引导问题填写（5分）					
	关键操作要领掌握（5分）					
	作品分享（5分）					
专业知识（30分）	电路搭建与模型转化（10分）					
	电子元器件的正确选择（5分）					
	二极管极性判别（5分）					
	半导体三极管性能与极性判别（10分）					
职业素养（30分）	学习态度：积极主动、参与学习、创新思维（10分）					
	团队合作：沟通协作、参与讨论（10分）					
	现场管理：工位安排、5S 管理、环保节能（10分）					
综合评价等级						

练一练

（1）半导体三极管的内部结构是由____区、____区、____区，以及____结和____结组成的。半导体三极管对外引出的电极分别是____极、____极和____极。

（2）测得 NPN 型半导体三极管上各电极的对地电位分别为 U_E=2.1V，U_B=2.8V，U_C=4.4V，说明此半导体三极管处在（   ）。
A．放大区　　　　B．饱和区　　　　C．截止区　　　　D．反向击穿区

（3）若使半导体三极管具有电流放大能力，则必须满足的外部条件是（   ）。
A．发射结正偏、集电结正偏　　　　B．发射结反偏、集电结反偏
C．发射结正偏、集电结反偏　　　　D．发射结反偏、集电结正偏

（4）在任何情况下，半导体三极管都具有电流放大能力。（   ）

（5）当半导体三极管的集电极电流大于它的最大允许电流 I_{CM} 时，该管必被击穿。（   ）

（6）图 3.1.2 所示为半导体三极管的输出特性曲线，试指出各区域名称并根据所给出的参数进行分析计算。

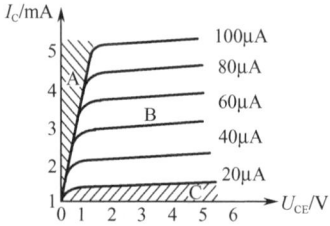

图 3.1.2 半导体三极管的输出特性曲线

① $U_{CE} = 3V$,$I_B = 60\mu A$,求I_C。
② $I_C = 4mA$,$U_{CE} = 4V$,求I_B。
③ $U_{CE} = 3V$,I_B为40~60μA,求β。

学习任务 2　特殊晶体管及应用

晶体管的种类很多，除普通的二极管、三极管外，还有稳压二极管、发光二极管、稳压管和场效应管等。下面一起来学习这些特殊晶体管。

1. 特殊二极管

特殊二极管如表 3.1.8 所示。

表 3.1.8　特殊二极管

稳压二极管	含义与符号	稳压二极管是一种特殊的面接触型半导体硅二极管，其正常工作在反向击穿区，通过反向击穿特性实现_____作用。 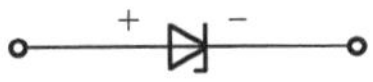
	工作区	工作在反向击穿区，它能在反向击穿后不被损坏，而且能在电流变化范围很大的情况下保持其端电压的恒定
	伏安特性	稳压二极管的正向特性曲线与普通二极管的正向特性曲线类似，而当外加反向电压的数值增大到一定程度时，发生击穿，击穿曲线很陡，几乎平行于纵轴。所以，当电流在很大范围内变化时，稳压二极管两端的电压变化很小。利用这一特性，稳压二极管在电路中能起稳压作用。 只要反向电流不超过其最大稳定电流，稳压二极管就不会形成破坏性的热击穿，因此，在电路中应与稳压二极管串联适当的_____。 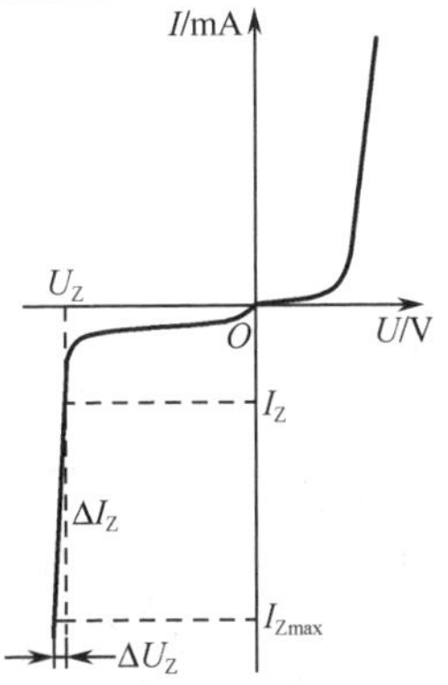
发光二极管	含义与符号	发光二极管通常被称为 LED，是一种会发光的半导体组件，具有二极管的特性，其材料主要为砷化镓、氮化镓等。发光二极管也是由 PN 结构成的，同样具有单向导电性，其电路符号如下图所示。 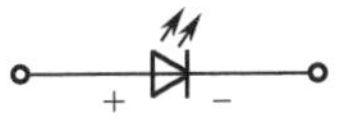
	发光原理	当发光二极管正偏时，PN 结附近的空穴和电子产生复合，电子会跌落到较低的能阶，同时以光子的模式释放出能量。光的波长（颜色）是由组成 P、N 架构半导体物料的禁带能量决定的。 发光二极管所用的材料都是带隙型的，因此能量会以光子形式释放，这些禁带能量对应着近红外线、可见光或近紫外线波段的光能量。 硅和锗是间接带隙材料，在常温下，这些材料内电子与空穴的复合是非辐射跃迁，此类跃迁没有释放出光子，而是把能量转化为热能，所以硅和锗二极管不能发光
	应用	汽车灯光、交通信号、生活及装饰等

续表

光电二极管	含义与符号	光电二极管和普通二极管一样,也是由一个 PN 结组成的能将光能转换成电能的半导体器件,具有二极管的特性。 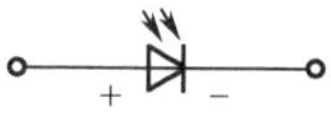
	工作原理	光电二极管是在反向电压作用下工作的,没有光照时,反向电流极其微弱,称为暗电流;有光照时,反向电流迅速增大到几十微安,称为光电流。光的强度越大,反向电流也越大。光的变化引起光电二极管电流变化,就可以把光信号转换成电信号,成为光电传感器件

2．场效应晶体管

场效应晶体管如表 3.1.9 所示。

表 3.1.9　场效应晶体管

定义与分类		场效应晶体管(FET)是一种利用输入回路的电场效应来控制输出回路电流的半导体器件,属于电压控制器件。它只依靠一种载流子参与导电,故又被称为单极型晶体管。 根据结构的不同,场效应晶体管可分为结型场效应晶体管(Junction Field-Effect Transistor,JFET)和绝缘栅场效应晶体管(MOS 管,其中 Metal 为金属,Oxide 为氧化物,Semiconductor 为半导体)。MOS 管的性能更优越,发展更迅速,应用更广泛
N 沟道增强型 MOS 管	结构	结构为左右对称结构,它先在 P 型硅半导体上生成一层 SiO_2 薄膜绝缘层,然后用光刻工艺扩散两个高掺杂的 N 型区,从 N 型区引出漏极 D 和源极 S 两个电极。在漏极和源极之间的 SiO_2 薄膜绝缘层上镀一层金属铝作为栅极 G。P 型半导体称为衬底,用符号 B 表示。 栅极与其他电极之间是绝缘的,工作时,漏极与源极之间形成导电沟道,称为 N 沟道。如图(a)所示,N 沟道增强型 MOS 管的电路符号的箭头方向由 P(衬底)指向 N(导电沟道);若箭头方向由 N(导电沟道)指向 P(衬底),则为 P 沟道,如图(b)所示
	工作原理	工作时,栅极 G 与源极 S、漏极 D 与源极 S 之间均加_____向电压
		当 $U_{GS}=0$ 时,漏极与源极之间相当于两个背靠背的二极管,在两极之间加上电压,不管极性如何,总有一个 PN 结反向,所以不存在导电沟道,不会形成漏极电流 i_D
		当 $U_{GS}>0$ 且 U_{DS} 较小时,在 U_{GS} 的作用下,在栅极下面的 SiO_2 薄膜绝缘层中产生了指向 P 型衬底且垂直于 P 型衬底的电场,吸引 P 型衬底中的电子向 SiO_2 薄膜绝缘层方向运动。由于 U_{GS} 较小,吸引电子的电场不强,只形成耗尽层,因此在源极与漏极之间无法形成导电沟道,$i_D=0$

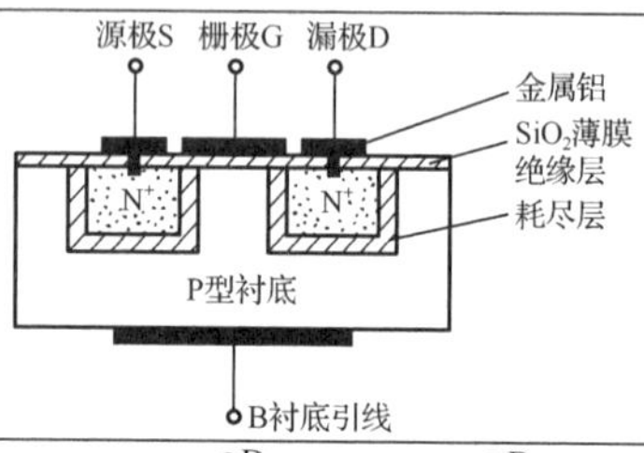

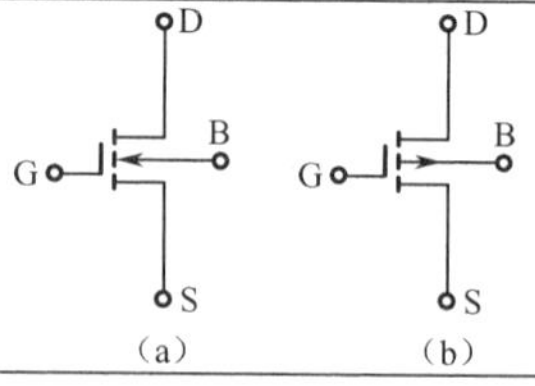

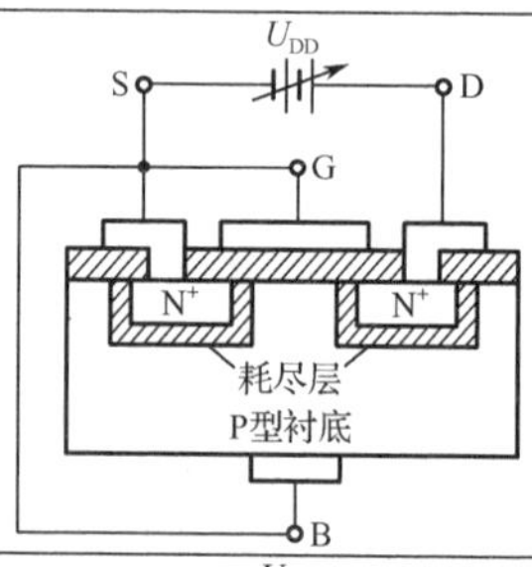

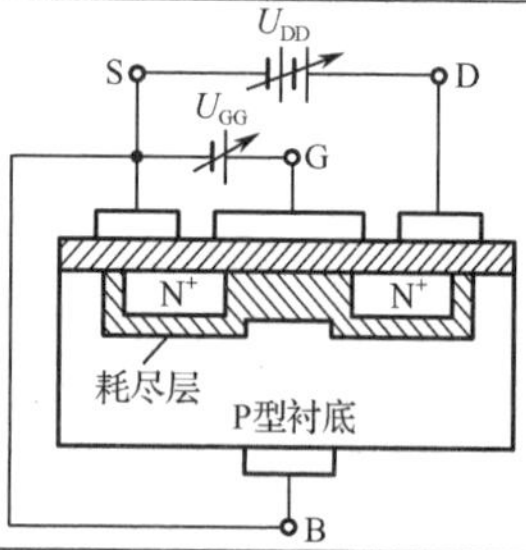

续表

N沟道增强型MOS管	工作原理	当U_{GS}继续增大时，在栅极附近的P型衬底表面形成一个N型薄层，将两个N型区连通，形成N型导电通道。当$U_{DS}>0$时，就形成了漏极电流i_D。形成导电沟道时的U_{GS}值被称为开启电压，用$U_{GS(th)}$表示，一般为几伏。 随着U_{GS}的增大，导电沟道变宽，沟道电阻变小，漏极电流i_D增大，这种$U_{GS}>U_{GS(th)}$后出现N型导电沟道的管被称为N沟道增强型MOS管。 漏极电流i_D沿着沟道从漏极向源极产生电压降，使栅极与沟道内各点电压不等，且靠近源极一侧最大，靠近漏极一侧最小，沟道变得不等宽	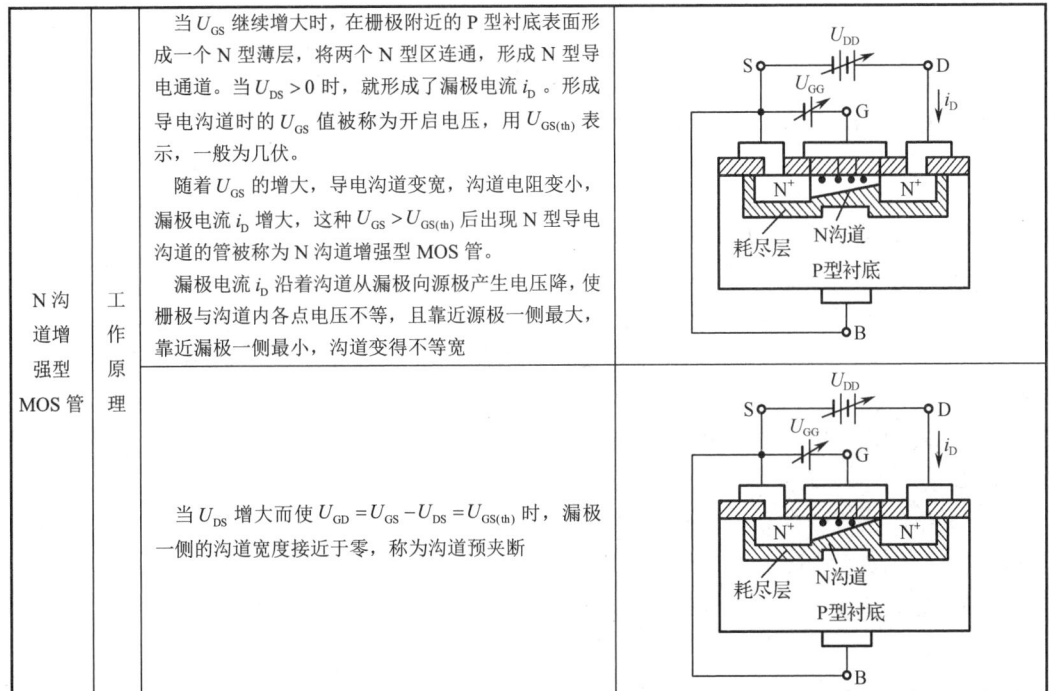
		当U_{DS}增大而使$U_{GD}=U_{GS}-U_{DS}=U_{GS(th)}$时，漏极一侧的沟道宽度接近于零，称为沟道预夹断	

小提示

N沟道增强型MOS管的工作特性分为4个区域：可变电阻区、恒流区、夹断区和击穿区，如图3.1.3所示。

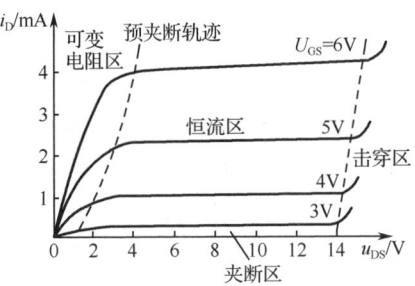

图3.1.3 N沟道增强型MOS管的工作特性

（1）可变电阻区的$U_{GS}>U_{GS(th)}$，源极与漏极之间相当于一个受电压U_{GS}控制的可变电阻。

（2）恒流区也被称为放大区，源极与漏极之间相当于一个受电压U_{GS}控制的电流源。N沟道增强型MOS管用于放大电路时就工作在该区域。

（3）夹断区也被称为截止区，漏极电流$i_D=0$，管子不工作。

（4）随着U_{GS}不断增大，PN结承受很大的反向电压而击穿，i_D急剧增大。

做一做

稳压管在电子电路中应用广泛，在学习汽车电工电子技术课程时，需要学会辨别稳压管的好坏及其在电路中的工作状态，理解稳压管基本的工作原理和应用。搭建一个电路，画出电路图，测量稳压管的稳压作用。

练一练

（1）物质按导电能力的强弱可分为_____、_____和_____三大类。

（2）电子技术的核心是半导体，它的3个特性是_____、_____、_____。

（3）半导体中存在着两种载流子，其中带正电的载流子叫作_____，带负电的载流子叫作_____；N型半导体中的多数载流子是_____，P型半导体中的多数载流子是_____。

（4）PN结具有_____性能，即加_____电压时PN结导通，加_____电压时PN结截止。

（5）晶体二极管的伏安特性可简单理解为正向_____、反向_____的特性。导通后，硅管的压降约为_____，锗管的压降约为_____。

（6）如果P型半导体中的空穴多于自由电子，则P型半导体呈现的电性为（　　）。

A．正电　　　　　　　　B．负电　　　　　　　　C．电中性

（7）如果二极管的正、反向电阻都很小，则该二极管（　　）。

A．正常　　　　　　　　B．已被击穿　　　　　　C．内部断路

（8）如果二极管的正、反向电阻都很大，则该二极管（　　）。

A．正常　　　　　　　　B．已被击穿　　　　　　C．内部断路

（9）在二极管特性的正向导通区，二极管相当于（　　）。

A．大电阻　　　　　　　B．接通的开关　　　　　C．断开的开关

（10）在如图3.1.4所示的电路中，已知$E=5V$，$u_i=10\sin\omega t$ V，二极管为理想元件（认为正向导通时电阻$R=0$，反向阻断时电阻$R=\infty$），试画出u_o的波形。

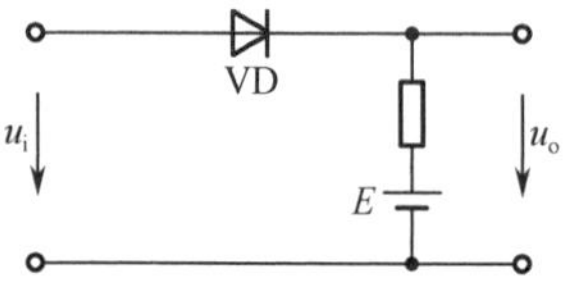

图3.1.4　题（10）图

学习任务 3　整流与稳压电路及应用

在工农业生产和科学实验中，主要采用交流电，但在某些场合，如电解、电镀、蓄电池的充电、直流电动机等，都需要用直流电源供电。此外，在电子线路和自动控制装置中，还需要用电压非常稳定的直流电源。为了得到直流电，除了用直流发电机，目前广泛采用各种半导体直流电源。下面以小功率稳压电源为例进行介绍。

小功率直流稳压电源由变压器、整流电路、滤波电路、稳压电路组成。在汽车电子与电气系统的应用、维修中常常接触到整流与稳压电路，下面一起来学习。请阅读表 3.1.10 中的内容。

表 3.1.10　直流稳压电源组成

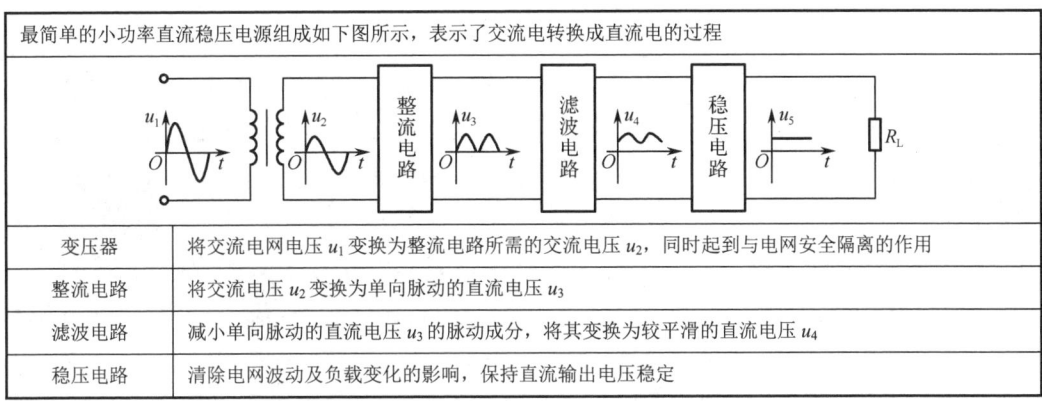

变压器	将交流电网电压 u_1 变换为整流电路所需的交流电压 u_2，同时起到与电网安全隔离的作用
整流电路	将交流电压 u_2 变换为单向脉动的直流电压 u_3
滤波电路	减小单向脉动的直流电压 u_3 的脉动成分，将其变换为较平滑的直流电压 u_4
稳压电路	清除电网波动及负载变化的影响，保持直流输出电压稳定

整流电路利用二极管的单向导电性将交流电压转换成单向脉动的直流电压。整流电路有多种，如半波整流电路、桥式整流电路等。其中桥式整流电路应用最多，它具有输出平均直流电压大、脉动小、变压器利用效率高、整流元件承受反向电压较小、容易滤波等优点。下面先来学习单相半波整流电路的相关知识，如表 3.1.11 所示。

表 3.1.11　单相半波整流电路的相关知识

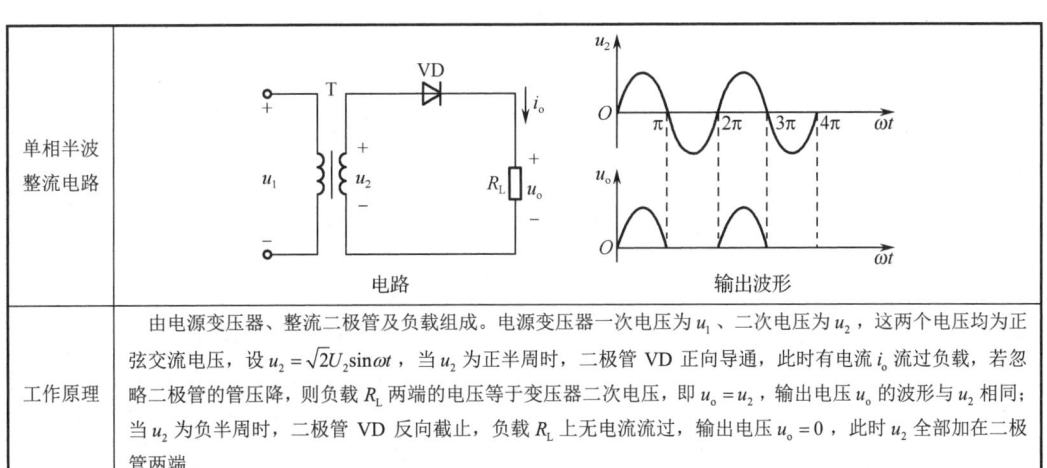

单相半波整流电路	电路　　　　　　　　　　　　　　输出波形
工作原理	由电源变压器、整流二极管及负载组成。电源变压器一次电压为 u_1、二次电压为 u_2，这两个电压均为正弦交流电压，设 $u_2 = \sqrt{2}U_2\sin\omega t$，当 u_2 为正半周时，二极管 VD 正向导通，此时有电流 i_o 流过负载，若忽略二极管的管压降，则负载 R_L 两端的电压等于变压器二次电压，即 $u_o = u_2$，输出电压 u_o 的波形与 u_2 相同；当 u_2 为负半周时，二极管 VD 反向截止，负载 R_L 上无电流流过，输出电压 $u_o = 0$，此时 u_2 全部加在二极管两端

续表

电路参数	负载上得到单向的脉动直流电压，由于该电路仅在半个周期内有输出，所以被称为半波整流电路。 整流电路不断重复上述过程，整流输出电压为 $$u_o = \begin{cases} \sqrt{2}U_2\sin\omega t \text{ V} & 0 \leq \omega t \leq \pi \\ 0 & \pi \leq \omega t \leq 2\pi \end{cases}$$ 负载直流电压 U_o 是指一个周期内电压 u_o 的平均值，即 $$U_o = \frac{1}{2\pi}\int_0^\pi \sqrt{2}U_2\sin\omega t \, d(\omega t) = \frac{\sqrt{2}}{\pi}U_2 \approx 0.45U_2$$ 流过负载的直流电流为 $I_o = \frac{U_o}{R_L} \approx 0.45\frac{U_2}{R_L}$。二极管截止时承受的最大反向电压与变压器二次电压 u_2 的最大值相等，即 $U_{DM} = \sqrt{2}U_2$
特点	输出的单向的脉动直流电压的波形是输入的交流电压波形的一半。半波整流电路结构简单，使用电子元器件少，但电源和变压器利用率低，输出电压小、脉动大，因此适用于整流电流较小、对电压稳定性要求不高的场合

练一练

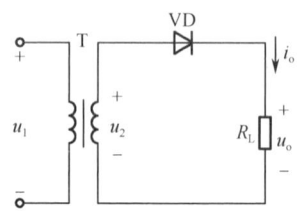

图 3.1.5 单相半波整流电路

有一单相半波整流电路，如图 3.1.5 所示，已知负载电阻 $R_L=1\text{k}\Omega$，要求其工作电流为 15mA，求变压器副边线圈电压的有效值 U_2，并选择合适的整流二极管。

做一做

（1）设计一个整流电路，选择合适的元件，利用示波器观察单向半波整流波形。

半波整流电路实验

（2）不难看出，半波整流是以"牺牲"一半交流为代价而换取整流效果的，电流利用率很低。常用在高电压、小电流的场合，而在一般无线电装置中很少采用。如果把整流电路的结构做一些调整，则可以得到一种能充分利用电能的全波整流电路。尝试搭建单相全波整流电路，通过实验验证其参数特征。

单相半波整流电路与单相全波整流电路有明显的不足之处，针对这些不足，工程实践中又产生了桥式整流电路。下面一起来学习桥式整流电路，用示波器观察 u_2 两端电压的波形和输出电压 u_L 的波形，如表 3.1.12 所示。

表 3.1.12 桥式整流电路相关知识

桥式整流电路	电路	输出波形
	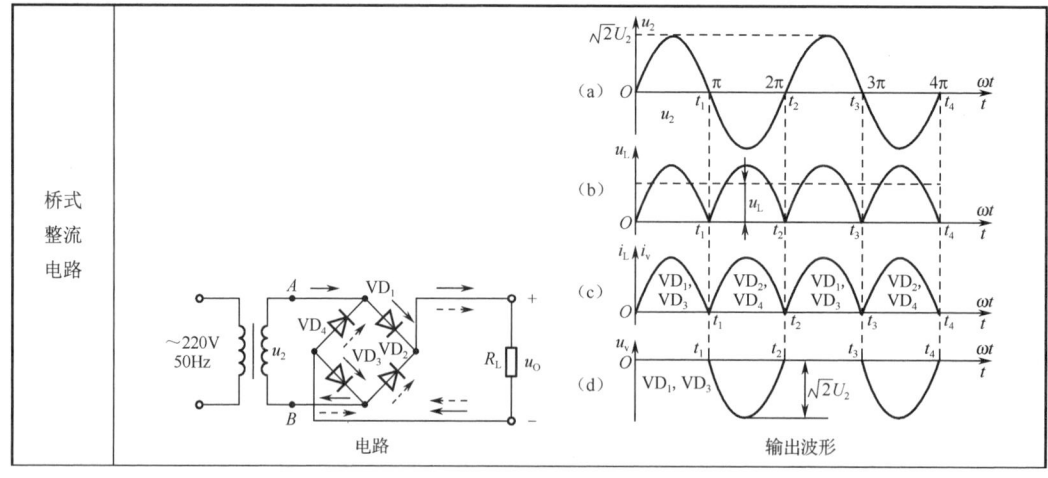	

续表

工作原理	变压器二次电压 u_2 的波形如图（a）所示。 在交流电压正半周（$0\sim t_1$）时，$u_2>0$，A 点电位高于 B 点电位。二极管 VD_1、VD_3 正向导通，二极管 VD_2、VD_4 反向截止，电流 i_L 的通路是 $A\to VD_1\to R_L\to VD_3\to B\to A$。这时，负载 R_L 上得到一个半波电压，如图（b）中的 $0\sim t_1$ 段所示。 在交流电压负半周（$t_1\sim t_2$）时，$u_2<0$，A 点电位低于 B 点电位，二极管 VD_2、VD_4 正向导通，二极管 VD_1、VD_3 反向截止，电流 i_L 通路是 $B\to VD_2\to R_L\to VD_4\to A\to B$，如图（b）中的 $t_1\sim t_2$ 段所示。 思考：电路中二极管能接反吗？接反的后果会怎样？
电路参数	在单相桥式整流电路中，交流电在 1 个周期内的 2 个半波都有同方向的电流流过负载，因此在同样的输出电压下，该电路输出的电流和电压均比半波整流电路大一倍。 输出电压为 $U_o=\dfrac{1}{\pi}\int_0^\pi \sqrt{2}U_2\sin\omega t\,\mathrm{d}(\omega t)=0.9U_2$ 流过负载 R_L 的直流电流平均值为 $I_o=\dfrac{U_o}{R_L}=0.9\dfrac{U_2}{R_L}$ 每只二极管承受的最大反向电压也是 u_2 的峰值，即 $U_{DM}=\sqrt{2}U_2$
特点	桥式整流电路能使负载获得全波直流电压，电源利用率高、平均直流电压大、脉动小，所以桥式整流电路得到了广泛应用

做一做

按图 3.1.6 连接实验电路，取可调工频安全电压作为整流电路的输入电压 u_2。按下述要求操作并将结果记录于表 3.1.13 中：①取 $R_L=240\Omega$，不加电容，测量直流输出电压 u_L，并用示波器观察 u_2 和 u_L 的波形；②取 $R_L=240\Omega$，$C=1000\mu F$，重复上述步骤，观察区别，思考加电容的作用。

桥式整流电路实验

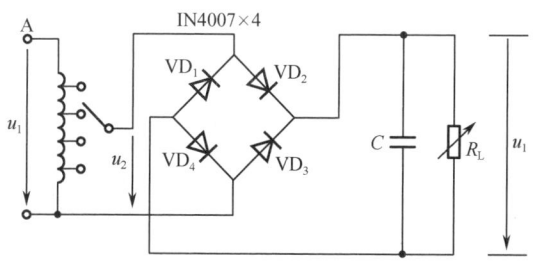

图 3.1.6 单相全波整流电路

表 3.1.13 单相全波整流电路分析

电 路 形 式		u_L/V	u_2 波形	u_L 波形
$R_L=240\Omega$				
$R_L=240\Omega$ $C=1000\mu F$				

注意:

(1) 每次改接电路时必须切断工频电源。

(2) 观察输出电压 u_L 的波形时,"Y 轴"灵敏度调好后不要变动,否则会影响比较波形的脉动情况。

思考: 增加电容的作用。减小电容的参数值,观察波形变化,并试分析单相全波整流电路的工作原理。

评价反馈

(1) 检查训练任务的标准:真实、完整、有效。

(2) 按各学习活动进行自评或互评。

评价反馈表如表 3.1.14 所示。

表 3.1.14 评价反馈表

评价指标	考核指标	自评	互评	师评	均分	总评
任务完成情况(40分)	安全操作与规范(10分)					
	完成任务过程情况(5分)					
	完成任务质量(5分)					
	成员在小组任务中的作用(5分)					
	学习任务填写(5分)					
	关键操作要领掌握(5分)					
	作品分享(5分)					
专业知识(30分)	电路设计、搭建与模型转化(10分)					
	电子元器件的正确选择(5分)					
	故障排除(5分)					
	输出参数的测量或观测(10分)					
职业素养(30分)	学习态度:积极主动、参与学习、创新思维(10分)					
	团队合作:沟通协作、参与讨论(10分)					
	现场管理:工位安排、5S 管理、环保节能(10分)					
综合评价等级						

拓展练习

（1）稳压二极管的正常工作状态是（   ）。
　A．导通状态　　　　　　　　B．截止状态
　C．反向击穿状态　　　　　　D．任意状态

（2）正弦电流经过二极管整流后的波形为（   ）。
　A．矩形方波　　　　　　　　B．等腰三角波
　C．正弦半波　　　　　　　　D．正弦波

（3）在电源变压器二次电压相同的情况下，半波整流电路的输出电压是桥式整流电路的（   ）倍。
　A．2　　　　　B．0.45　　　　C．0.5　　　　D．1

（4）在单相半波整流电路中，如果电源变压器二次电压为50V，则负载电压为（   ）。
　A．50V　　　B．22.5V　　　C．45V　　　D．20V

（5）在单相半波整流电路中，如果负载电流为20A，则流经整流二极管的电流为（   ）。
　A．9A　　　B．10A　　　C．20A　　　D．5A

（6）硅稳压二极管内部也有一个PN结，且其正向特性同普通二极管的正向特性一致。（   ）

（7）与三极管相比，场效应晶体管中的电流只经过一个相同导电类型的半导体区域，所以场效应晶体管也称为单极型晶体管。（   ）

（8）场效应晶体管和晶体管相比，栅极相当于基极，漏极相当于发射极，源极相当于集电极。（   ）

（9）在如图3.1.7所示的各电路中，硅稳压二极管VD_{Z1}的稳定电压均为8V，VD_{Z2}的稳定电压均为6V，正向压降均为0.7V，求各电路的输出电压U_o。

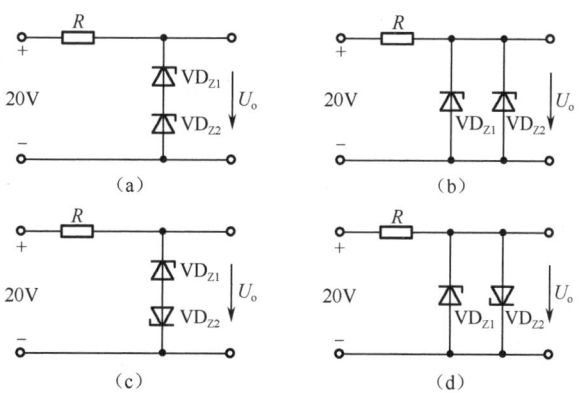

图3.1.7　题（9）图

项目 2　基本放大电路及应用

学习地图

基本放大电路是模拟电路部分最基本的内容，任何一个放大系统都是由基本的单元电路组成的。通过学习基本放大电路的结构、工作原理、性能指标等知识，学会分析常用放大电路，为后续学习运算放大器及数字运算电路做准备。

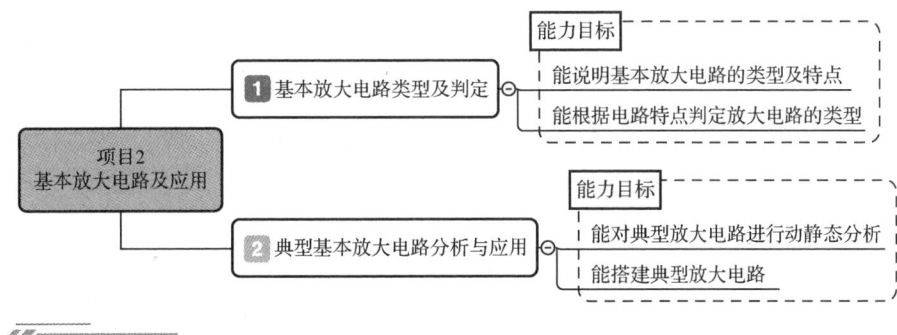

任务导入

放大电路又称为放大器，它的主要任务是先把微弱的电信号加以放大，然后送入负载（如仪表、扬声器、显像管、继电器等），以完成特定的功能。目前，放大器在通信、控制、测量、仪器等领域，以及日常生活中应用极为广泛。本项目主要学习放大器的基本组成及其常见应用。

学习任务 1 基本放大电路类型及判定

放大电路的种类繁多，电路形式和功能也各不相同，而且一个放大电路一般是由多个基本的单级放大电路组成的。因此，学习放大电路的知识应从基本放大电路开始。

通过前面的学习，我们知道半导体三极管能够实现电流放大的作用，下面先通过一个实验来观察半导体三极管各电流之间的关系。

实验电路如图 3.2.1 所示。给半导体三极管的发射结加正向电压，集电结加反向电压，保证半导体三极管工作在放大状态。改变可变电阻 R_B，基极电流 I_B、集电极电流 I_C 和发射极电流 I_E 都会发生变化。测量结果如表 3.2.1 所示。

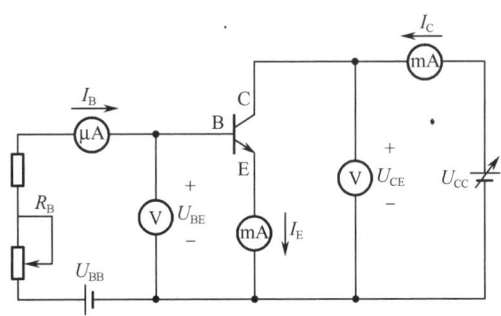

三极管放大电路实验

图 3.2.1 实验电路

表 3.2.1 测量结果

I_B/μA	0.1	0.2	0.3	0.4	0.6	0.8
I_C/mA						
I_E/mA						

由此实验及测量结果可得出以下结论。

（1）各极电流的关系满足 $I_E = I_B + I_C$，符合基尔霍夫电流定律。

（2）I_C 和 I_E 比 I_B 大得多。

（3）从表 3.2.1 各列数据中求得 I_C 和 I_B 的变化量，并加以比较。

由此可发现，_____电流的少量变化可以引起_____电流的较大变化，这就是半导体三极管的_____放大作用。实质上，它用较小的基极电流去控制集电极的大电流，是"以小控大"的作用，而不是能量的放大。

通过实验我们知道，半导体三极管的基极电流对集电极电流有控制作用，可以实现放大作用，是组成放大电路的核心元件。下面一起来学习放大电路的基本构成。

半导体三极管起放大作用，其外部条件必须满足_____正偏、_____反偏。根据输入和输出回路公共端的不同，放大电路有 3 种类型：共发射极放大电路、共集电极放大电路和共基极放大电路。请阅读表 3.2.2 中的内容并回答问题。

表 3.2.2　基本放大电路特点及判别

类　型	电　路　图	结　构　特　点
共发射极放大电路		由 NPN 型半导体三极管及若干电阻组成，其中半导体三极管是起放大作用的核心器件。输入信号 u_i 为正弦波电压。 （1）输入信号和输出信号反相。 （2）有较大的_____和_____放大倍数。 （3）一般用作放大电路的中间级
共集电极放大电路		在放大电路中，若半导体三极管的集电极是输入和输出回路的公共端，即集电极接地，则构成共集电极放大电路。 （1）输入信号与输出信号同相。 （2）无电压放大作用，电压放大倍数接近于 1，又称为_____。 （3）电流放大倍数高，输入回路中的电流 i_B 远小于输出回路中的电流 i_E 和 i_C。 （4）有____放大作用
共基极放大电路		若半导体三极管的基极是输入和输出回路的公共端，即基极接地，则构成共基极放大电路。 （1）具有电压放大作用，电流放大倍数____。 （2）高频性能好
如何判别共发射极、共集电极和共基极放大电路		"共"就是输入、输出回路共有的部分。 （1）输入____+输出_____=共发射极 （2）输入____+输出_____=共集电极 （3）输入____+输出_____=共基极

小提示

　　放大表面看来是将信号的幅度由小增大，而其本质是实现能量的控制。由于输入信号（如从天线或传感器得到的信号）的能量过于微弱，不足以推动负载（如扬声器或指示仪表、执行机构），因此需要在放大电路中另外提供一个能源，由能量较小的输入信号控制这个能源，使之输出较大的能量，推动负载。这种小能量对大能量的控制作用就是放大作用。

　　下面用共发射极放大电路来说明放大电路的工作原理。

　　当输入端信号 $u_i = 0$ 时，放大电路的工作状态被称为_____。在直流电源电压的作用下，形成静态基极电流 I_B、集电极电流 I_C、发射极电流 I_E，以及基-射极电压 U_{BE} 和集-射极电压 U_{CE}。

　　当输入端加上输入信号时，放大电路的工作状态为_____。u_i 信号通过 C_1 加到半导体三极管的基极，使基-射极电压在静态值 U_{BE} 的基础上按 u_i 的规律变化。这时的基-射极电压包含两个分量,一个是直流分量U_{BE},另一个是交流分量u_{be},若忽略耦合电容上的电压损失,则$u_{be}=u_i$。$u_{BE}=U_{BE}+u_{be}$的变化引起基极电流i_B相应变化,i_C也随i_B变化。i_C的变化量在集电极负载电阻R_C上产生电压降,集-射极电压$u_{CE}=V_{CC}-i_C R_C$,当i_C增大时,u_{CE}减小,u_{CE}的变化与i_C的变化相反。若忽略C_2上的交流电压降,则$u_o=u_{CE}=-i_C R_C$,u_o与u_i在相位上相差180°,只要R_C足够大,u_o的幅值就比u_i的幅值大得多,从而实现电压放大的作用。放大电路的工作原理如图3.2.2所示。

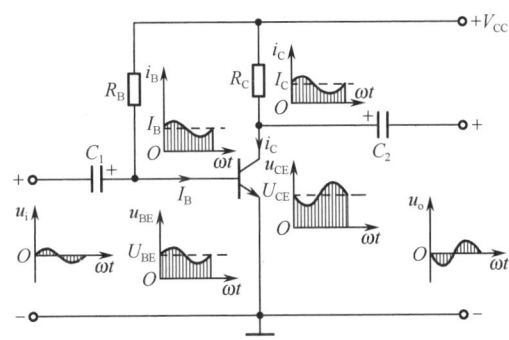

图 3.2.2 放大电路的工作原理

练一练

(1) 已知半导体三极管接在对应的电路中,测得半导体三极管上各极的电位如图3.2.3所示,试判断半导体三极管的工作状态。

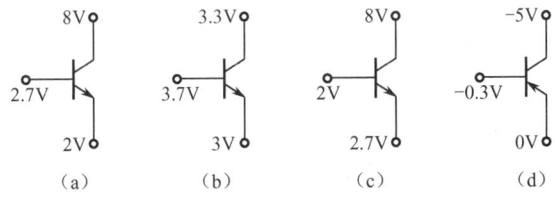

图 3.2.3 题(1)图

(2) 在如图3.2.4所示的电路中,已知$R_B=10\text{k}\Omega$,$R_C=1\text{k}\Omega$,$V_{CC}=10\text{V}$,半导体三极管的$\beta=50$,$U_{BE}=0.6\text{V}$。试分析在下列情况下,半导体三极管处于何种工作状态?

① $U_I=0\text{V}$。
② $U_I=2\text{V}$。
③ $U_I=3\text{V}$。

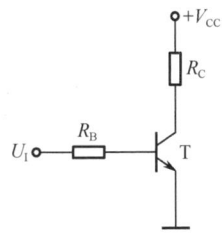

图 3.2.4 题(2)图

学习任务 2　典型基本放大电路分析与应用

从基本放大电路的组成中可以看出，在放大电路中，交流量和直流量共存。当输入信号为零时，电路中各处的电压、电流都是直流值，称为静态；当有信号输入时，电路中各处的电压、电流都处于变动的工作状态，简称动态。下面分别来学习这两种状态下的电路分析方法。

1. 静态分析

静态分析就是分析放大电路的直流工作情况，以确定半导体三极管各电极的静态值，即直流电压和直流电流参数 I_B、I_C、U_{BE}、U_{CE} 等。请阅读表 3.2.3 的内容并回答问题。

表 3.2.3　放大电路的静态分析

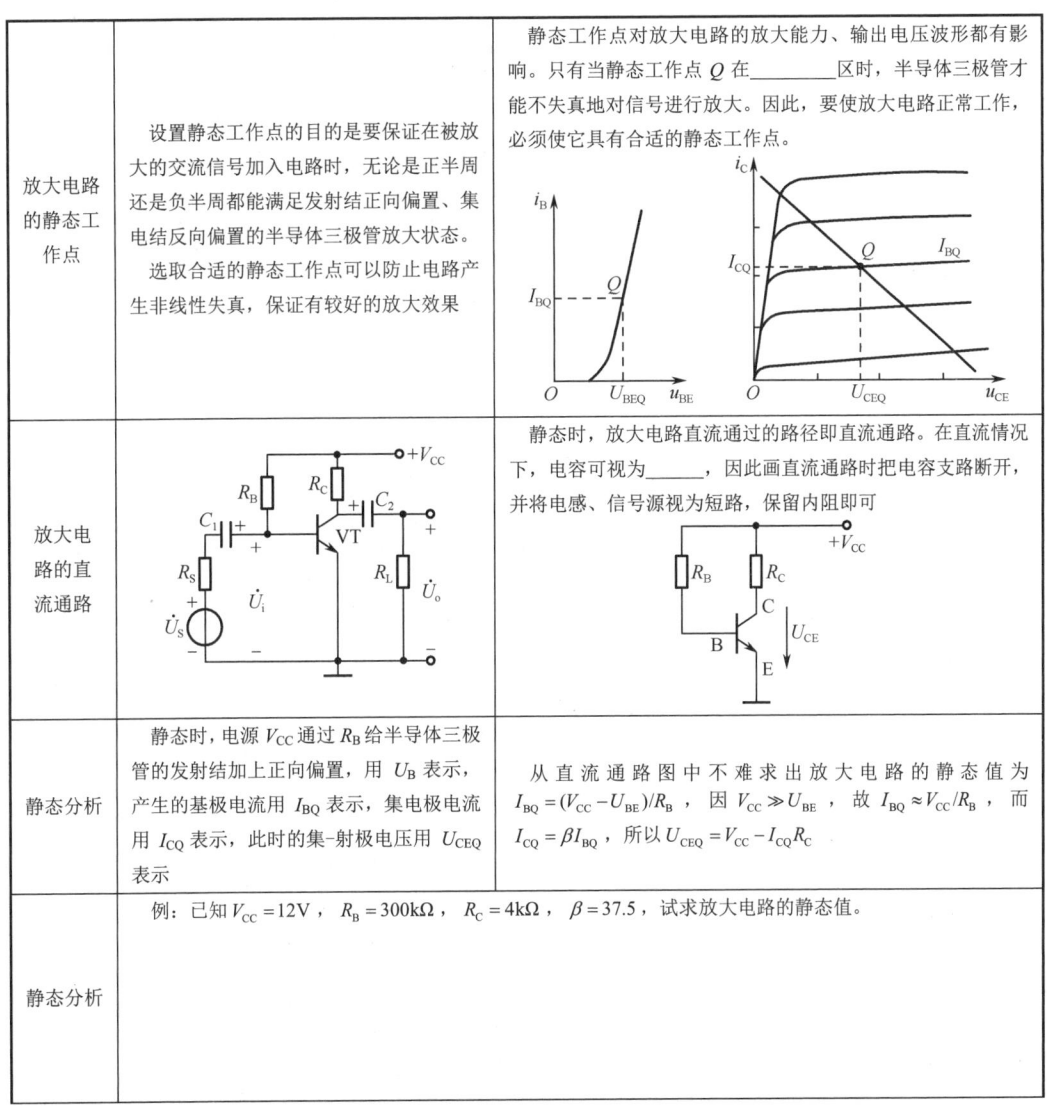

放大电路的静态工作点	设置静态工作点的目的是要保证在被放大的交流信号加入电路时，无论是正半周还是负半周都能满足发射结正向偏置、集电结反向偏置的半导体三极管放大状态。 选取合适的静态工作点可以防止电路产生非线性失真，保证有较好的放大效果	静态工作点对放大电路的放大能力、输出电压波形都有影响。只有当静态工作点 Q 在_____区时，半导体三极管才能不失真地对信号进行放大。因此，要使放大电路正常工作，必须使它具有合适的静态工作点。
放大电路的直流通路		静态时，放大电路直流通过的路径即直流通路。在直流情况下，电容可视为_____，因此画直流通路时把电容支路断开，并将电感、信号源视为短路，保留内阻即可
静态分析	静态时，电源 V_{CC} 通过 R_B 给半导体三极管的发射结加上正向偏置，用 U_B 表示，产生的基极电流用 I_{BQ} 表示，集电极电流用 I_{CQ} 表示，此时的集-射极电压用 U_{CEQ} 表示	从直流通路图中不难求出放大电路的静态值为 $I_{BQ}=(V_{CC}-U_{BE})/R_B$，因 $V_{CC}\gg U_{BE}$，故 $I_{BQ}\approx V_{CC}/R_B$，而 $I_{CQ}=\beta I_{BQ}$，所以 $U_{CEQ}=V_{CC}-I_{CQ}R_C$
静态分析	例：已知 $V_{CC}=12\text{V}$，$R_B=300\text{k}\Omega$，$R_C=4\text{k}\Omega$，$\beta=37.5$，试求放大电路的静态值。	

续表

静态工作点的稳定	由于半导体三极管的参数与温度有关，因此当环境温度变化或更换管子时，半导体三极管的参数会发生变化，引起静态工作点的变化。 　　前面所讲的放大电路，R_B一经选定，I_B也就固定不变。这种电路被称为_____偏置放大电路，它_____稳定静态工作点。为克服此缺点，常采用分压式偏置放大电路来稳定静态工作点	如下图所示，R_{B1}和R_{B2}对电源电压进行分压，使基极有一定的电位$V_B = \dfrac{R_{B2}}{R_{B1}+R_{B2}}V_{CC}$，且与半导体三极管的参数无关，不受温度影响。 　　而$I_C \approx I_E = (V_B - U_{BE})/R_E \approx V_B/R_E$，也与半导体三极管的参数无关，不受温度的影响。静态工作点就能基本稳定
	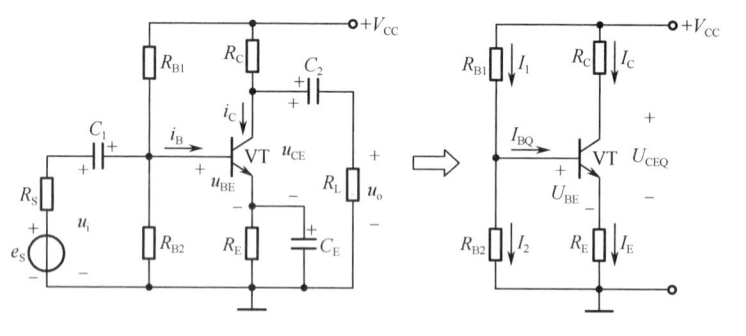	

2．动态分析

动态分析是指分析有变化的输入信号时的电路中各种变化量的变动情况和相互关系。动态分析主要在交流通路中进行，交流通路就是交流信号流经的通路。请阅读表3.2.4中的内容并回答问题。

表3.2.4　放大电路的动态分析

动态分析	对于小信号作用的放大电路，通常采用微变等效电路分析法。"微变"就是变化量微小的意思，即半导体三极管在小信号情况下工作。 　　利用微变等效电路，可以求出放大器的动态性能指标，主要是电压放大倍数A_u、输入电阻r_i和输出电阻r_o等	采用微变等效电路对放大电路动态情况进行分析时，应先画出与放大电路相对应的_____通路；再将半导体三极管用小信号线性模型来代替，可得到放大电路的_____电路，最后按线性电路的一般分析方法进行求解
放大电路的交流通路	交流通路即输入交流信号时，放大电路交流信号流通的路径。由于容抗小的电容和内阻小的直流电源可视为对交流短路，因此画交流通路时只需把容量较大的电容及直流电源简化为一条_____即可	

模块 3 模拟电路分析与应用

续表

微变等效电路	放大电路的微变等效电路把非线性元件半导体三极管线性化，等效为一个线性元件，从而把以半导体三极管为核心组成的放大电路等效为_____电路。 半导体三极管的输入电路可以用一个线性电阻 r_{be} 来等效代替，阻值在几百到几千欧之间。 半导体三极管的输出端可以用一个等效的受控恒流源 βi_b 来代替。r_{ce} 称为三极管的输出电阻，一般其阻值为几十至几百千欧。 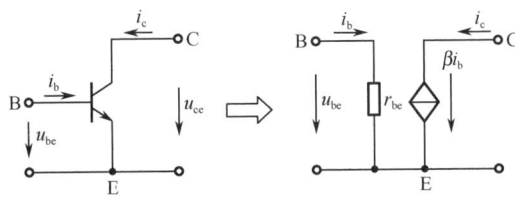 有了半导体三极管的微变等效电路，就可以方便地得到放大电路的微变等效电路。先画出放大电路的交流通路，再用半导体三极管的微变等效电路替代半导体三极管，就得到了整个放大电路的微变等效电路
参数计算	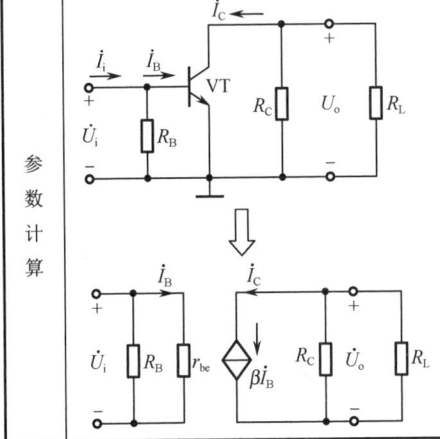 （1）电压放大倍数 $A_u = \dot{U}_o / \dot{U}_i$。 （2）$r_{be} = 300\Omega + (1+\beta) \cdot 26\text{mV}/I_{EQ}\text{mA}$。 （3）$\dot{U}_i = \dot{I}_B r_{be}$；$\dot{U}_o = -\dot{I}_C(R_C // R_L) = -\beta \dot{I}_B R_L'$。 （4）$A_u = \dot{U}_o / \dot{U}_i = -\beta R_L' / r_{be}$。 R_L' 是交流等效负载电阻，负号表示输入电压与输出电压的相位相反。当放大电路开路（未接 R_L）时，有 $A_u = -\beta R_C / r_{be}$

练一练

在如图 3.2.5 所示的电路中，已知 $V_{CC}=12\text{V}$，$R_C=4\text{k}\Omega$，$R_L=4\text{k}\Omega$，$R_B=300\text{k}\Omega$，$\beta=37.5$，试求电压放大倍数 A_u。

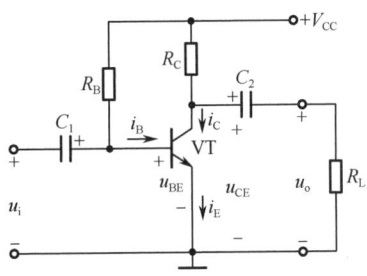

图 3.2.5 练一练题图

汽车电工电子技术

做一做

设计一个共发射极放大电路,选择合适的电子元器件,实现音频的放大,填写表 3.2.5。

表 3.2.5　设计共发射极放大电路

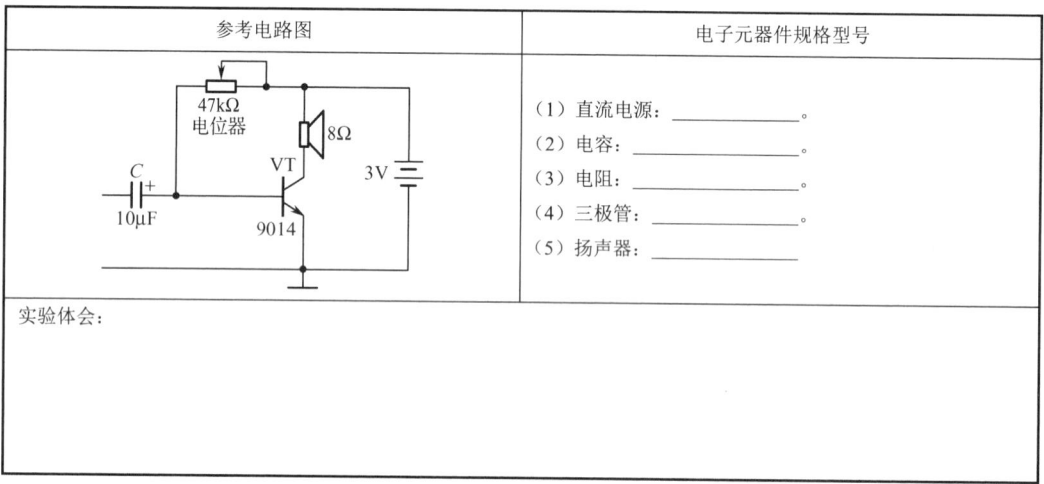

参考电路图	电子元器件规格型号
(见图)	(1) 直流电源:_____。 (2) 电容:_____。 (3) 电阻:_____。 (4) 三极管:_____。 (5) 扬声器:_____。
实验体会:	

评价反馈

(1) 检查训练任务的标准:真实、完整、有效。
(2) 按各学习活动进行自评或互评。

评价反馈表如表 3.2.6 所示。

表 3.2.6　评价反馈表

评价指标	考核指标	自评	互评	师评	均分	总评
任务完成情况 (40分)	安全操作与规范(10分)					
	完成任务过程情况(5分)					
	完成任务质量(5分)					
	成员在小组任务中的作用(5分)					
	引导问题填写(5分)					
	关键操作要领掌握(5分)					
	作品分享(5分)					
专业知识 (30分)	电路设计、搭建与模型转化(10分)					
	电子元器件的正确选择(5分)					
	故障排除(5分)					
	输出参数的测量或观测(10分)					

模块 3 模拟电路分析与应用

续表

评价指标	考核指标	自评	互评	师评	均分	总评
职业素养 （30分）	学习态度：积极主动、参与学习、创新思维（10分）					
	团队合作：沟通协作、参与讨论（10分）					
	现场管理：工位安排、5S管理、环保节能（10分）					
	综合评价等级					

练一练

（1）放大电路应遵循的基本原则：_____结正向偏置，_____结反向偏置。

（2）放大电路有两种工作状态，当$u_i=0$时，电路的状态被称为_____态；当有交流信号u_i输入时，放大电路的工作状态被称为_____态。在_____态下，半导体三极管各极电压、电流均包含_____分量和_____分量。

（3）放大电路中的所有电容起的作用均为通交隔直。（   ）

（4）分压式偏置共发射极放大电路是一种能够稳定静态工作点的放大器。（   ）

（5）微变等效电路不能进行静态分析，也不能用于功率放大电路分析。（   ）

（6）基本放大电路中的主要放大对象是（   ）。

A．直流信号　　　　B．交流信号　　　　C．交直流信号均有

（7）基极电流i_B的数值较大时，易引起静态工作点Q接近（   ）。

A．截止区　　　　B．饱和区　　　　C．死区

（8）共发射极放大器中的集电极电阻R_C起的作用是什么？

（9）在如图3.2.6所示的分压式偏置放大电路中，已知$R_C=3.3\text{k}\Omega$，$R_{B1}=40\text{k}\Omega$，$R_{B2}=10\text{k}\Omega$，$R_E=1.5\text{k}\Omega$，$\beta=70$。求静态工作点I_{BQ}、I_{CQ}和U_{CEQ}（其中半导体三极管为硅管）。

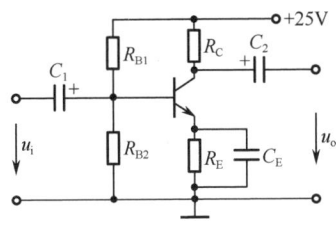

图3.2.6　题（9）图

（10）画出如图 3.2.6 所示的电路的微变等效电路，并对电路进行动态分析。要求解出电路的电压放大倍数 A_u、输入电阻 r_i 及输出电阻 r_o。

项目 3 运算放大电路及应用

学习地图

当前,集成运算放大器的性能已十分优越,广泛应用于自动控制系统、测量技术、信号变换等所有的电子技术领域。本项目主要学习集成运算放大电路及其在信号运算和处理方面的应用。

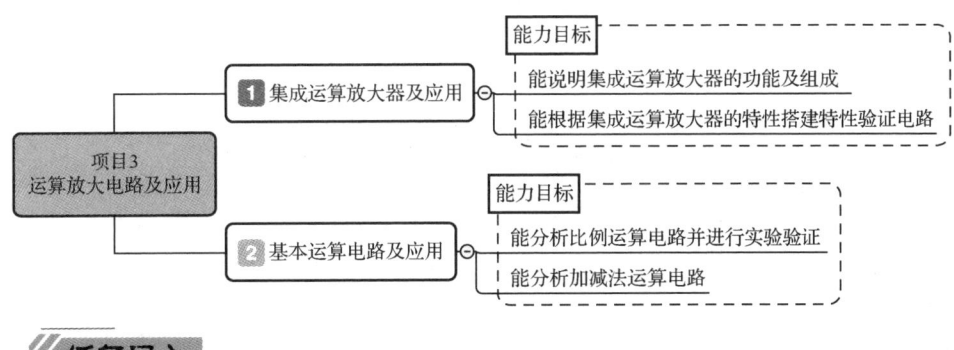

任务导入

集成电路是相对于分立元件电路而言的,它由三极管、二极管、电阻、电容等元件构成,将具有特定功能的整个电路制造在一块很小的半导体芯片上,形成一个不可分割的固体组件。与分立元件电路相比,集成电路具有性能好、可靠性高、体积小、耗电低、成本低等优点,因而得到广泛应用。

集成运算放大器是一种高放大倍数的多级直接耦合放大电路。早期研制的分立元件运算放大器只用于完成各种数字运算,因而人们把它称为运算放大器。随着半导体技术的发展,可将整个放大器的管子、电阻元件和引线制作在面积很小的硅片上,这就是集成运算放大器,简称集成运放。

通过学习集成运算放大器的相关知识,能够掌握集成运算放大器的基本组成及理想运算放大器的条件,学会典型信号运算电路的分析方法与实验验证,为后续的数字电路的学习做准备。

学习任务 1　集成运算放大器及应用

为了把微弱的输入信号放大到足够大，必须把几个单级放大电路连接起来，使信号逐级放大，这就构成了多级放大电路，各级之间的连接方式称为耦合。集成运算放大器实际上就是一个高增益的多级直接耦合放大器。这种放大器的组成和主要性能有哪些呢？一起来学习并完成下面的信息。

（1）常见的集成运算放大器有两种封装形式，即陶瓷或塑料双列直插式封装和金属圆壳式封装，其常见封装外形如图 3.3.1 所示。

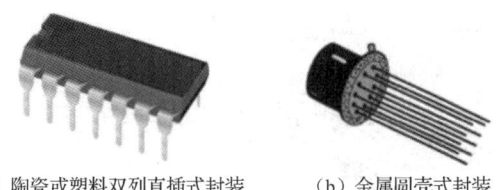

（a）陶瓷或塑料双列直插式封装　　　（b）金属圆壳式封装

图 3.3.1　集成运算放大器的常见封装外形

集成运算放大器的图形符号如图 3.3.2 所示。其中，三角形表示放大器，＿＿表示理想运算放大器。集成运算放大器有两个输入端和一个输出端，其中，＿＿为同相输入端，＿＿为反相输入端。

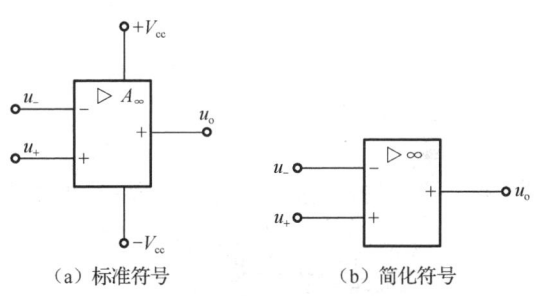

（a）标准符号　　　　　（b）简化符号

图 3.3.2　集成运算放大器的图形符号

（2）集成运算放大器的内部包括 4 部分：输入级、输出级、中间级和偏置电路，请阅读表 3.3.1 中的内容并回答问题。

表 3.3.1　集成运算放大器的组成与作用

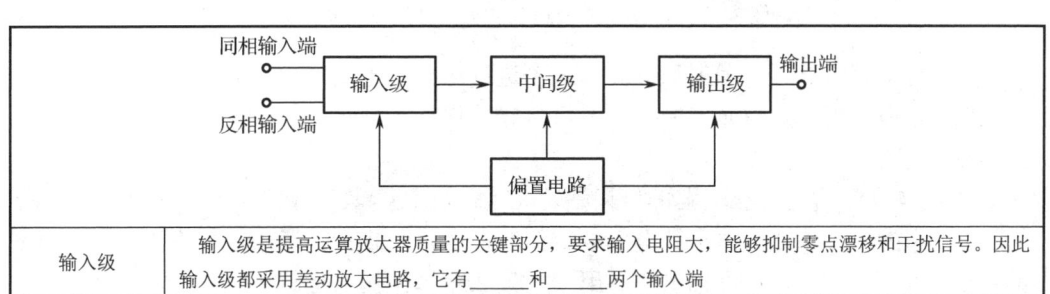

输入级	输入级是提高运算放大器质量的关键部分，要求输入电阻大，能够抑制零点漂移和干扰信号。因此输入级都采用差动放大电路，它有＿＿＿＿和＿＿＿＿两个输入端

续表

组成	作用
中间级	中间级主要进行_____放大,要求电压放大倍数高,一般由共发射极放大电路组成
输出级	输出级与负载相接,要求其输出电阻小,带负载能力强,一般由互补对称电路或射极输出器组成
偏置电路	偏置电路的作用是为上述各级电路提供稳定和合适的偏置电流,决定各级的静态工作点,一般由各种恒流源组成

小提示

由于集成工艺的特点,集成电路在设计思想上和分立元件电路有较大差别。集成电路结构比分立元件电路更复杂。集成电路与由分立元件组成的具有同样功能的电路相比具有以下特点。

(1)由于工艺原因,集成电路中常用 PN 结的结电容来作为电容,所以电路结构均采用直接耦合放大方式。

(2)为提高集成度和性能,电路的功耗要小,所以集成电路各级的工作电流通常较小,一般功耗是毫瓦级。

(3)集成电路中的电阻元件由硅半导体制成,其电阻阻值的范围一般在几十欧到几十千欧。

(4)集成电路中的二极管一般都采用将集电极和基极短接的半导体三极管代替。

知识链接

在实际应用中,集成运算放大器除了有输入端和输出端,还有电源端,有些运算放大器还有调零和相位补偿功能。μA741 就是一种有 8 个引脚的单运算放大器集成电路,其外形和引脚排列如图 3.3.3 所示。引脚 1 和引脚 5 为偏置端(调零端),引脚 2 为反相输入端,引脚 3 为同相输入端,引脚 4 接负电源,引脚 6 为输出端,引脚 7 接正电源,引脚 8 为空脚。

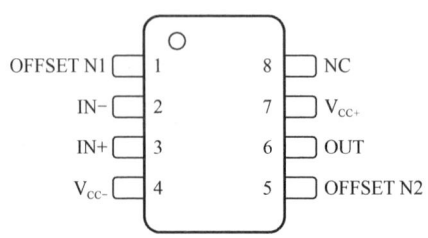

图 3.3.3 μA741 集成运算放大器外形和引脚排列

在分析实际电路时,用理想运算放大器进行分析对于实际运算放大器所引起的误差并不严重,在工程上是被允许的,一般可将它看作一个理想运算放大器,这样就使分析过程极大简化。

图 3.3.4 所示为运算放大器的传输特性曲线,BC 段为其工作的_____,AB 段和 CD 段为其工作的_____。由于其电压放大倍数极高,因此 BC 段十分接近纵轴。在理想情况下,可认为 BC 段与纵轴重合,用 $B'C'$ 段表示理想集成运算放大器工作在线性区,AB' 段和 $C'D$ 段表示理想集成运算放大器工作在非线性区。实际运算放大器可以工作在线

性区，也可以工作在饱和区。

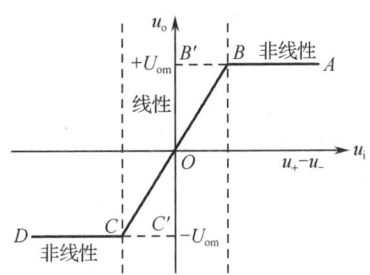

图 3.3.4　运算放大器的传输特性曲线

当运算放大器工作在线性区时，它是一个线性放大元件，u_o 和 $(u_+ - u_-)$ 是线性关系，满足 $u_o = A_{uo}(u_+ - u_-)$，式中，A_{uo} 为电压放大倍数。由于 A_{uo} 很高，因此，即使输入毫伏级以下信号，也足以使输出电压饱和，其饱和值为 $\pm U_{om}$，在数值上接近_____电压。当运算放大器工作在饱和区时，输出只有两种可能，即 $u_+ > u_-$ 时 $u_o = +U_{om}$，$u_+ < u_-$ 时 $u_o = -U_{om}$。

练一练

集成运算放大器如图 3.3.2 所示，正负电源电压为 ±15V，开环电压放大倍数（共模抑制比 200dB）$A_{uo} = 2 \times 10^5$，输出最大电压为 ±13V。分别加入下列输入电压，求输出电压及极性：① $u_+ = 15\mu V$，$u_- = -10\mu V$；② $u_+ = -5\mu V$，$u_- = 10\mu V$；③ $u_+ = 0V$，$u_- = 5mV$；④ $u_+ = 5mV$，$u_- = 0V$。

做一做

运用通用型运算放大器搭建电路，通过示波器（或发光二极管）观察输出参数的变化，验证运算放大器的饱和区传输特性曲线，并将运算放大器相关参数及电路图填入表 3.3.2 中。

运算放大器实验

表 3.3.2 运算放大器相关参数及电路图

型　号	引脚及功能	电　路　图
LM358	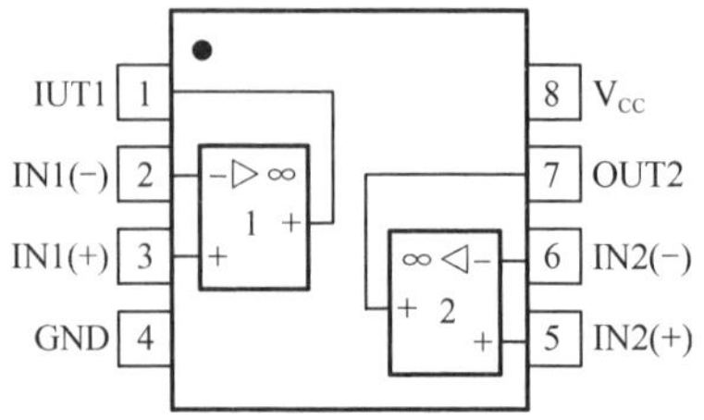 IUT1　1　　　8　V_{CC} IN1(−)　2　　　7　OUT2 IN1(+)　3　　　6　IN2(−) GND　4　　　5　IN2(+) 内部包含两个形式完全相同的运算放大器，除电源公用外，两个运算放大器相互独立，每个运算放大器都包含同相输入端、反相输入端和输出端，引脚 8 接正电源，引脚 4 为接地端	
现象描述与分析		

学习任务 2　基本运算电路及应用

在分析运算放大器的各种实用电路时，为了简化问题的分析，通常将集成运算放大器的性能指标理想化，即将运算放大器看作理想运算放大器。那么理想运算放大器的特征有哪些呢？在实际电路的分析中又是如何运用的呢？一起完成下面的学习任务。

（1）理想运算放大器。

理想运算放大器参数具有以下特征（俗称"三高一低"）。

① 开环电压放大倍数 $A_{uo} \to \infty$。

② 差模输入电阻 $r_{id} \to \infty$。

③ 开环输出电阻 $r_o \to 0$。

④ 共模抑制比 $K_{CMR} \to \infty$。

运算放大器工作在线性区的两条原则，依据"虚短""虚断"两个重要的概念对运算放大器组成的电路进行分析，极大地简化了分析过程。

a．由于 $A_{uo} \to \infty$，而输出电压 u_o 是有限电压，因此由式 $u_o = A_{uo}(u_+ - u_-)$ 可知 $u_+ - u_- \approx 0$，即 $u_+ \approx u_-$，这说明同相输入端和反相输入端之间相当于_____。由于不是真正的短路，因此被称为_____。

b．由于运算放大器的差模电阻 $r_{id} \to \infty$，而输入电压 $u_i = u_+ - u_-$ 是有限值，因此两个输入端电流 $i_+ = i_- = u_i/r_{id} \approx 0$，即 $i_+ = i_- \approx 0$，这说明同相输入端和反相输入端之间相当于_____。由于不是真正的断路，因此被称为_____。

"虚短"和"虚断"原则上简化了集成运算放大器的分析过程。由于许多应用电路中的集成运算放大器都工作在线性区，因此，上述两条原则极其重要。

（2）集成运算放大器引入适当的反馈，可以使输出和输入之间具有某种特定的函数关系，如加、减、积分、微分等，构成数字运算电路。数字运算电路在自动控制、检测技术等方面得到了广泛应用。请阅读表 3.3.3 和表 3.3.4 中的内容并回答问题。

表 3.3.3　比例运算电路

数字运算电路	反相比例运算电路	同相比例运算电路
电路图	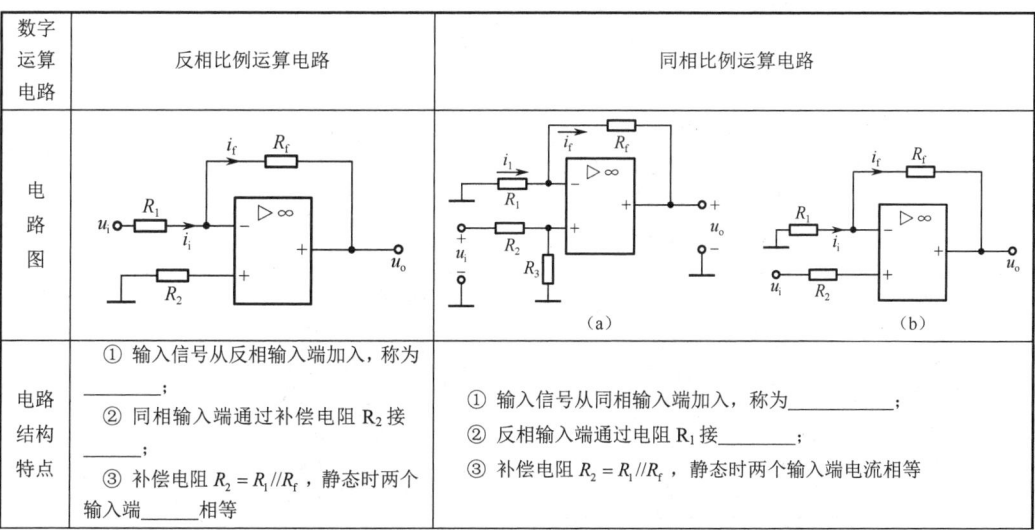	
		(a)　　　　　　　　　(b)
电路结构特点	① 输入信号从反相输入端加入，称为_____； ② 同相输入端通过补偿电阻 R_2 接_____； ③ 补偿电阻 $R_2 = R_1 // R_f$，静态时两个输入端_____相等	① 输入信号从同相输入端加入，称为_____； ② 反相输入端通过电阻 R_1 接_____； ③ 补偿电阻 $R_2 = R_1 // R_f$，静态时两个输入端电流相等

续表

数字运算电路	反相比例运算电路	同相比例运算电路
输入/输出关系	① "虚断"原则，$i_+ = i_- \approx 0$，有____ ____； ② "虚短"原则，$u_+ - u_- \approx 0$； ③ $i_1 = (u_i - u_-)/R_1 = u_i/R_1$， $i_f = (u_- - u_o)/R_f = -u_o/R_f$； ④ 放大倍数：$A_{uf} = u_o/u_i = -R_f/R_1$	① "虚断"原则，$i_+ = i_- \approx 0$，有____； ② "虚短"原则，$u_+ - u_- \approx 0$，有____； ③ $i_1 = 0 - u_-/R_1 = -u_-/R_1 = -u_+/R_1$， $i_f = (u_- - u_o)/R_f = (u_+ - u_o)/R_f$； ④ $u_o = (1 + R_f/R_1)u_+$
实际应用	若 $R_f = R_1$，则输入电压与输出电压大小相等、相位相反，称为反相器。 已知 $u_i = 0.3V$，$R_1 = 10k\Omega$，$R_f = 100k\Omega$，求 u_o 及 R_2	当同相输入端的前置电路结构较复杂时，如图(a)所示，只需将 u_+ 求出，代入 $u_o = (1 + R_f/R_1)u_+$。在图(b)中，当 $R_f = 0$ 或 $R_1 = 0$ 时，$A_{uf} = 1$，这种电路被称为____。试求图(a)中 u_o 与 u_i 的关系

表3.3.4 加减运算电路

电路	加法运算电路	减法运算电路
电路图	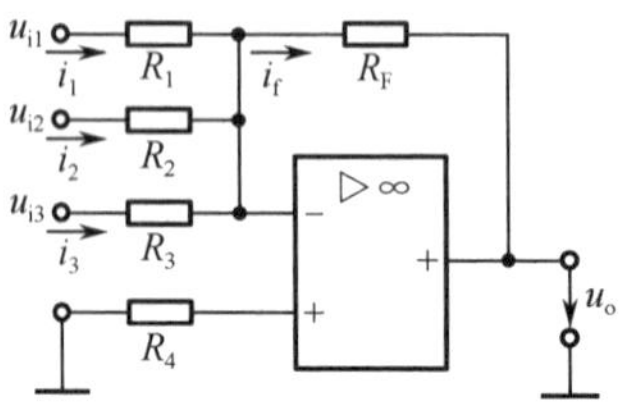 (电路图)	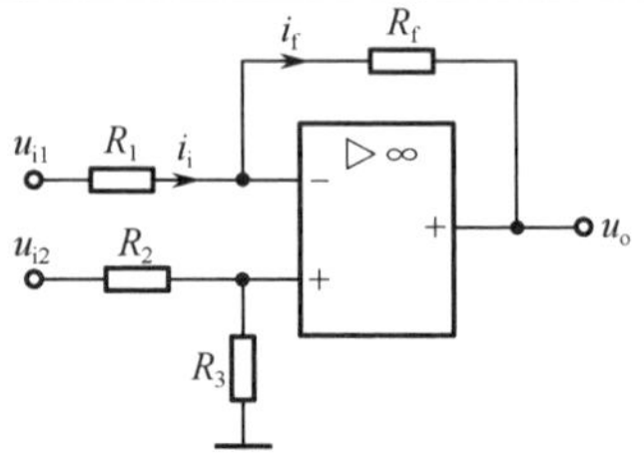 (电路图)
电路结构特点	① 在反相比例运算电路的基础上加了几个输入端，也称为反相输入加法器； ② $R_4 = R_1 // R_2 // R_3 // R_f$ 为平衡电阻	① 输入信号同时加到反相输入端和同相输入端，反相比例运算和同相比例运算同时进行； ② 集成运算放大器的输出电压叠加后，即减法运算结果
输入/输出关系	① "虚断"原则，$i_+ = i_- \approx 0$，有 $i_1 + i_2 + i_3 =$ ____； ② "虚短"原则，$u_+ - u_- \approx 0$； ③ $i_1 = u_{i1} - u_-/R_1 = u_{i1}/R_1$，同理 $i_2 =$ ____， $i_3 =$ ____，$i_f = (u_- - u_o)/R_f = -u_o/R_f$ ④ $u_o = -\left(\dfrac{R_f}{R_1}u_{i1} + \dfrac{R_f}{R_2}u_{i2} + \dfrac{R_f}{R_3}u_{i3}\right)$	① "虚断"原则，$i_+ = i_- \approx 0$，有 $i_1 = i_f$； ② "虚短"原则，$u_+ - u_- \approx 0$； ③ $i_1 = (u_{i1} - u_o)/(R_1 + R_f)$； $u_+ =$ ____； $u_- = u_{i1} - i_1 R_1$ ④ $u_o = \left(1 + \dfrac{R_f}{R_1}\right)\dfrac{R_3}{R_2 + R_3}u_{i2} - \dfrac{R_f}{R_1}u_{i1}$

续表

电路	加法运算电路	减法运算电路
实际应用	若 $R_f = R_1 = R_2 = R_3$，则 $u_o = -(u_{i1} + u_{i2} + u_{i3})$，加法运算电路的实质是将各输入电压信号彼此独立地通过自身输入回路电阻转换成电流，在反相输入端相加后，流向反馈电阻 R_f，经 R_f 转换为输出电压 u_o。设 $R_f = 100\text{k}\Omega$，若存在关系 $u_o = -(4u_{i1} + 2u_{i2} + 0.5u_{i3})$，则试计算各输入电路的电阻和平衡电阻 R_4	若 $R_1 = R_2$，$R_f = R_3$，则放大倍数 $A_{uf} = \dfrac{u_o}{u_{i2} - u_{i1}} = \dfrac{R_f}{R_1}$；若 $R_f = R_1 = R_2 = R_3$，则 $u_o = u_{i2} - u_{i1}$。由于理想运算放大器工作于线性区，所以该电路是线性电路，试着用叠加原理分析电路

做一做

设计一个反相比例运算电路，通过示波器（或发光二极管）观察输入、输出参数的关系，验证它们之间的函数关系，填写表3.3.5。

反相比例运算电路实验

表3.3.5 反相比例运算电路应用

型号	引脚及功能	电路图（例）
LM358	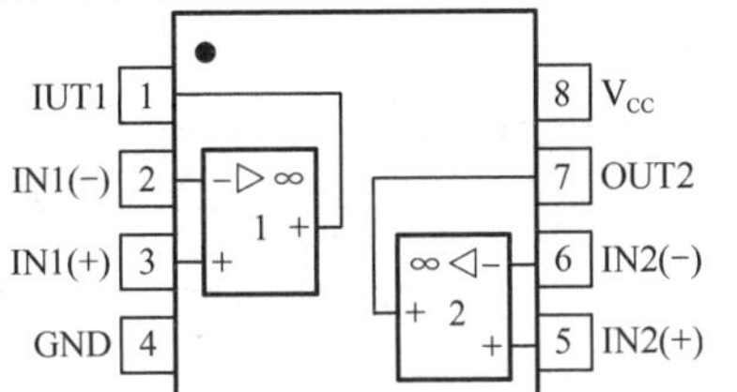 IUT1─1　8─V_{CC} IN1(−)─2　7─OUT2 IN1(+)─3　6─IN2(−) GND─4　5─IN2(+) 内部包含两个形式完全相同的运算放大器，除电源公用外，两个运算放大器相互独立，每个运算放大器都包含同相输入端、反相输入端和输出端，引脚8接正电源，引脚4为接地端	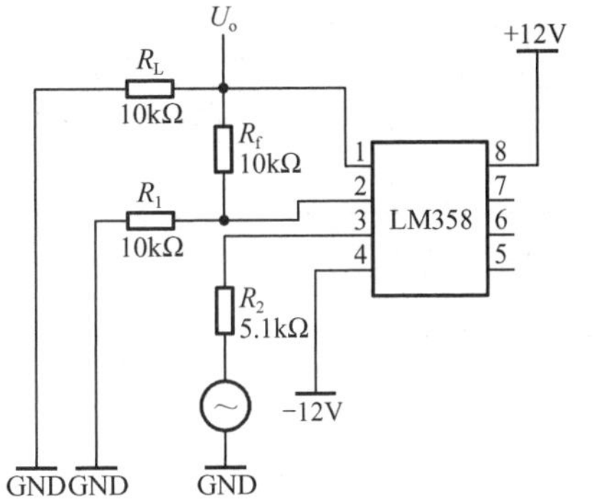 （R_L 10kΩ，R_f 10kΩ，R_1 10kΩ，R_2 5.1kΩ，LM358，+12V，−12V）
现象描述与分析		

评价反馈

（1）检查训练任务的标准：真实、完整、有效。

（2）按各学习活动进行自评或互评。

评价反馈表如表3.3.6所示。

表 3.3.6 评价反馈表

评价指标	考核指标	自评	互评	师评	均分	总评
任务完成情况（40分）	安全操作与规范（10分）					
	完成任务过程情况（5分）					
	完成任务质量（5分）					
	成员在小组任务中的作用（5分）					
	引导问题填写（5分）					
	关键操作要领掌握（5分）					
	作品分享（5分）					
专业知识（30分）	电路设计、搭建与模型转化（10分）					
	电子元器件的正确选择（5分）					
	故障排除（5分）					
	输出参数的测量或观测（10分）					
职业素养（30分）	学习态度：积极主动、参与学习、创新思维（10分）					
	团队合作：沟通协作、参与讨论（10分）					
	现场管理：工位安排、5S管理、环保节能（10分）					
综合评价等级						

知识拓展

测量放大器：在许多工业应用中，需要经常对一些物理量，如温度、压力、流量等进行测量和控制。在这些情况下，通常先利用传感器将它们转换为电信号（电压或电流），这些电信号一般是很微弱的，需要进行放大和处理。

图 3.3.5 所示电路是由 3 个集成运算放大器组成的测量放大电路（也称为数据放大器）。第一级的两个同相输入的集成运算放大器具有很高的输入电阻和很强的共模抑制能力；第二级为基本差动输入的运算放大器，能抑制共模信号，将双端输入转化为单端输出，以适应接地负载的需要。

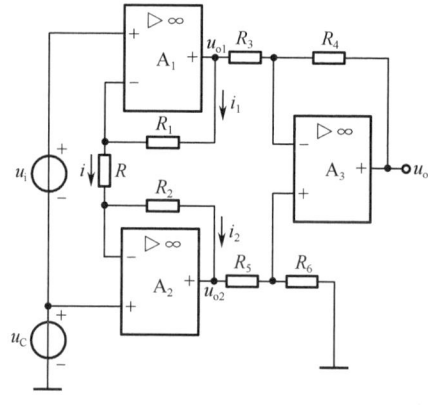

图 3.3.5 测量放大电路

任务拓展

运用示波器、稳压电源、万用表、面包板等常用工具和集成运算放大器 LM358 等搭建同相比例运算电路，验证同相比例运算关系。

练一练

（1）集成运算放大器具有_____和_____两个输入端，相应的输入方式有_____输入、_____输入和_____输入 3 种。

（2）_____比例运算电路中的反相输入端为"虚地"，_____比例运算电路中的两个输入端电位等于输入电压。

（3）_____比例运算电路的输入电流等于零，_____比例运算电路的输入电流等于流过反馈电阻中的电流。

（4）理想运算放大器的两个重要结论是（   ）。

A．"虚短"与"虚地"   B．"虚断"与"虚短"   C．断路与短路

（5）集成运算放大器一般分为两个工作区，它们分别是（   ）。

A．正反馈与负反馈   B．线性与非线性   C．"虚断"与"虚短"

（6）图 3.3.6 所示为应用集成运算放大器组成的测量电阻的原理电路，试写出被测电阻 R_x 与电压表电压 U_0 的关系。

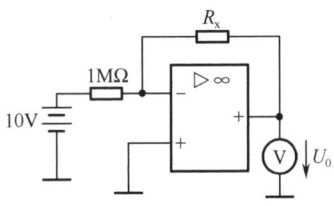

图 3.3.6　题（6）图

（7）在如图 3.3.7 所示的电路中，已知 $R_1 = 2\text{k}\Omega$，$R_f = 5\text{k}\Omega$，$R_2 = 2\text{k}\Omega$，$R_3 = 18\text{k}\Omega$，$U_i = 1\text{V}$，求输出电压 U_o。

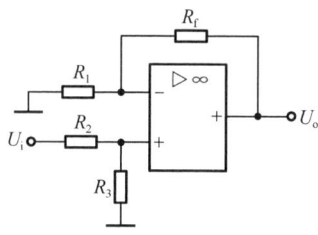

图 3.3.7　题（7）图

模块 4　数字电路分析与应用

数字电路的发展与模拟电路一样经历了由电子管、半导体分立器件到集成电路等时代。但其比模拟电路发展得更快。从 20 世纪 60 年代开始，数字集成器件以双极型工艺制成了小规模逻辑器件。随后发展到中规模逻辑器件；20 世纪 70 年代末，微处理器的出现，使数字集成电路的性能产生了质的飞跃。在信息社会，对人们的信息化技术掌握水平和网络能力提出了更高的要求，学好数字电路是应对竞争与挑战、适应信息化社会的必备素质。

学习地图

数字电路是专门用于处理数字信号的电路，是逻辑控制、数字通信和计算机电路的基础。本模块主要学习数字电路的基本概念、数制和码制、组合逻辑电路及时序逻辑电路等方面的知识，为后续计算机基础的学习做准备。

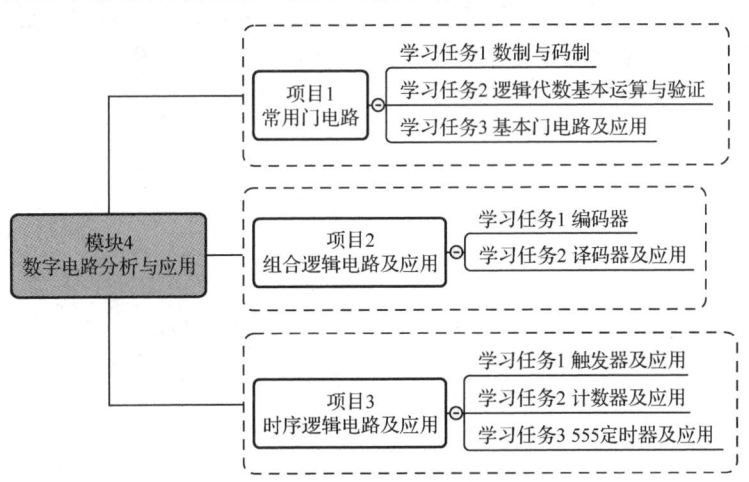

项目 1　常用门电路

学习地图

门电路是组成数字电路的基本逻辑单元。本项目从数字电路信号引入，了解数制规律及相互转换，进一步学习逻辑代数基本运算、基本门电路功能和特点等基础知识，为后续数字电路的分析做准备。

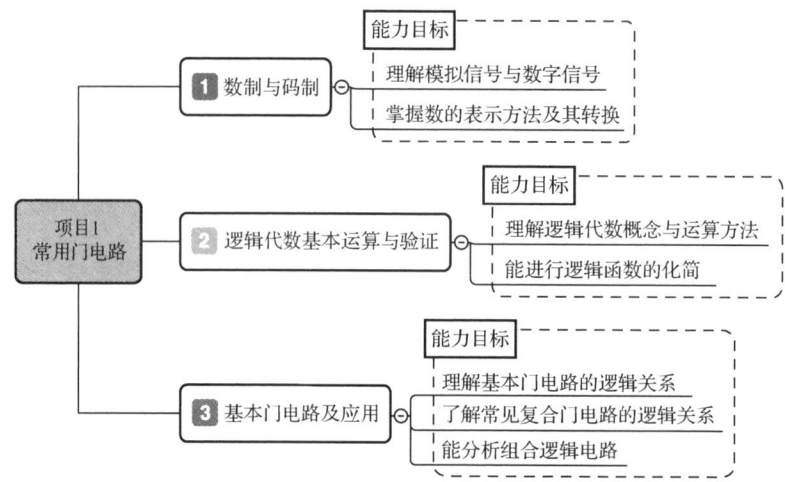

任务引入

自 20 世纪 80 年代微电脑在汽车上应用以来,汽车开始不断向信息化、智能化方向发展,而汽车的智能化和信息化离不开各种数字电路的应用。

逻辑门电路作为数字电路基本单元,自然成了我们学习数字电路分析及应用的首要任务。经过本任务的学习,可以掌握数制之间的转换方法,会分析组合逻辑电路,并用基本门元件实现逻辑电路的设计,为后续的复杂电路学习做准备。

学习任务 1　数制与码制

在汽车电子电路中,电信号主要在传感器、ECU(电子控制单元,又称为行车电脑)、执行机构间进行传递。车载传感器先将采集的温度、压力、速度等信号传输给 ECU 进行运算、处理、判断等,然后控制执行机构按信号要求执行。整个过程涉及的信号有哪些?有什么区别?对不同信号的传递处理又需要用到什么类别的电路呢?

(1)有些汽车使用热敏电阻传感器采集车内温度到仪表进行显示,仪表中显示的数值会随温度变化而连续变化。这类在时间、数值上均为连续变化的物理量被称为_____信号,其波形如图 4.1.1(a)所示。用于传输处理模拟信号的电路被称为模拟电路。

(2)光电式曲轴位置传感器,输出的信号是遮光盘不断通过光电耦合器产生"有"或"无"(透光或遮光)规律变化的脉冲信号,这类在时间、数值上均为离散变化的物理量被称为_____信号,其波形如图 4.1.1(b)所示。用于传输处理数字信号的电路为数字电路。

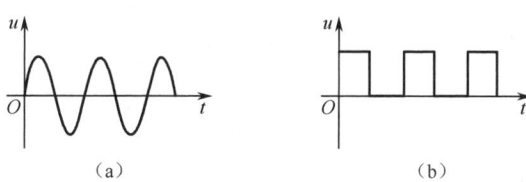

图 4.1.1　信号波形图

相较于模拟电路的不精确,数字电路展现出了很大的优势。因为数字电路中很多电子元器件往往只有两种对立状态,如电压的"高"和"低",电流的"有"和"无",这种信号的单一变化大大提高了电路传输处理信号的准确率。数字电路为了更好地表示电信号的两种状态,电压不再用具体的电压值来表示大小,而是用_____电平和_____电平表示,这一相对状态常用数字____和____表示,所以在数字电路中广泛采用____进制。

注意:0 和 1 只表示逻辑状态,没有数值大小之分。

数字电路根据传输处理信号类型的不同,主要采用数制和码制两种表示方法和规则。它们之间有什么联系和区别呢?请阅读表 4.1.1 的内容并回答问题。

表 4.1.1　数制、码制及其转换

		数制即计数体制,用固定符号和进位规则表示数值大小或电路状态。常用数制有二进制、十进制、十六进制
数制	十进制	标识符:"D"; 数码:0~9 十个数,任何一个数可以用这十个数码组合表示; 计数基数:10; 运算规则:逢十进一,9+1=10; 例:十进制数 103.5,每位数码所处位数不同代表不同数值,展开式为(103.5)$_D$=_____
	二进制	标识符:"B"; 数码:0、1 两个数,任何一个数可以用这两个数码组合表示; 计数基数:2; 运算规则:逢二进一,1+1=10,读作"壹零"; 例:二进制数 101.1,每位数码所处位数不同代表不同数值,展开式为(101.1)$_B$=_____

续表

数制	十六进制	标识符："H"； 数码：0～9、A、B、C、D、E、F十六个数，任何一个数可以用这十六个数码组合表示； 计数基数：16； 运算规则：逢十六进一，F+1=10； 例：十六进制数3F.8，每位数码所处位数不同代表不同数值，展开式为$(3F.8)_H=$_____

码制	码制即编码体制，用二进制数表示文字、图形等非数值型信息的编码方法和规则。常用的码制是8421（BCD）码
	8421码是指编码中各位的位权分别是8、4、2、1，与十进制数之间是直接按位转换的。 8421码对照表 | 十进制数	0	1	2	3	4
---	---	---	---	---	---
8421码	0000	0001	0010	0011	0100
十进制数	5	6	7	8	9
8421码	0101	0110	0111	1000	1001	 例：$(58)_{10}=$_____

数制转换	非十进制数转十进制数	将非十进制数转换为等值的十进制数，转换时只需要将非十进制数按权展开，然后相加就可以得到结果 例1：将$(1001.01)_B$转换成十进制数。 例2：将$(12A)_H$转换成十进制数。
	十进制数转非十进制数	将十进制数转换为非十进制数。转换时需要将十进制数的整数部分和小数部分分别进行转换，然后将它们合并起来。 （1）整数部分的转换。 十进制数的整数部分可采用连除法，即用转换计数的基数连续除该数，直到除得的商为0结束。每次除完所得余数就作为要转换数的系数，取最后一位余数为最高位，依次按从低位到高位顺序排列。这种方法可概括为"除N取余，从低位到高位书写"。 例3：将$(38)_{10}$分别转换成二进制数、八进制数、十六进制数。 读写顺序 2|38 …… 余数0 — a_0 2|19 …… 余数1 — a_1 2|9 …… 余数1 — a_2 2|4 …… 余数0 — a_3 2|2 …… 余数0 — a_4 2|1 …… 余数1 — a_5 0 1 0 0 1 1 0 8|38 …… 余数6 8|4 …… 余数4 0 4 6 16|38 …… 余数6 16|2 …… 余数2 0 2 6 所以，$(38)_{10}=($_____$)_2=($_____$)_8=($_____$)_{16}$。 （2）小数部分的转换。 十进制数的小数转换成二进制数的小数可以采用乘2取整法，即用2去乘以所要转换的十进制小数，取其整数部分作为系数，直到纯小数部分为0或达到要求的精度为止。每次乘完后得到的整数就作为要转换数的系数，取最先得到的整数作为高位，后得到的整数作为低位，依次排列。这种方法可概括为"乘N取整，从高位到低位书写"。

续表

数制转换	十进制数转非十进制数	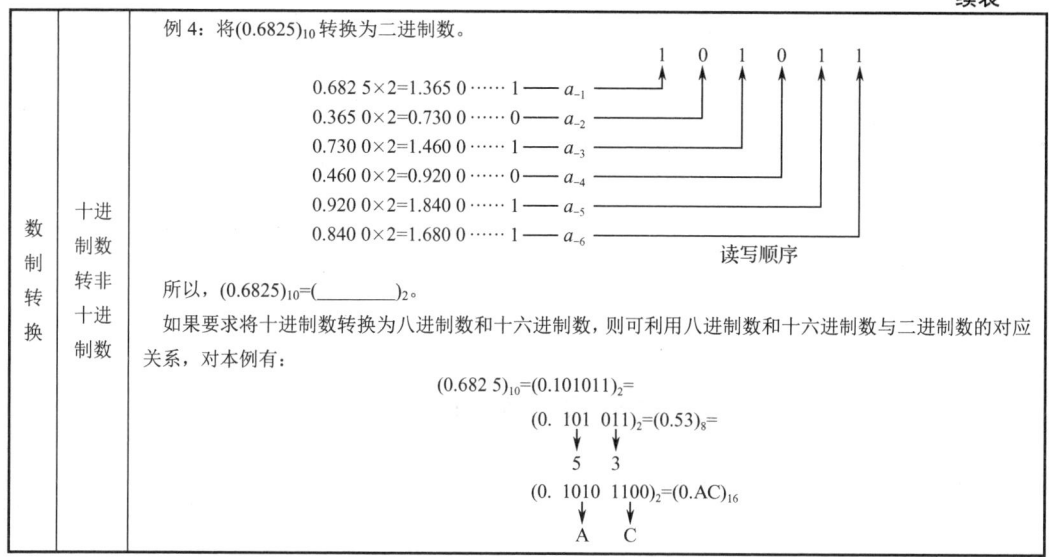 所以，$(0.6825)_{10}=(\underline{})_2$。 如果要求将十进制数转换为八进制数和十六进制数，则可利用八进制数和十六进制数与二进制数的对应关系，对本例有： $(0.6825)_{10}=(0.101011)_2=$ $(0.\underset{5}{\underset{\downarrow}{101}}\ \underset{3}{\underset{\downarrow}{011}})_2=(0.53)_8=$ $(0.\underset{A}{\underset{\downarrow}{1010}}\ \underset{C}{\underset{\downarrow}{1100}})_2=(0.AC)_{16}$

小提示

（1）由于八进制数和十六进制数与二进制数之间的转换关系非常简单，可以利用二进制数直接转换为八进制数和十六进制数。

二进制数转换为八进制数时，只要把二进制数从低位到高位每3位分成一组，高位不足3位时补0，写出相应的八进制数，就可以得到二进制数的八进制转换值。反之，将八进制数中每位都写成相应的3位二进制数，所得到的就是八进制数的二进制转换值，如：

$$(1010001)_2=(\underset{1}{\underset{\downarrow}{001}}\ \underset{2}{\underset{\downarrow}{010}}\ \underset{1}{\underset{\downarrow}{001}})_2=(121)_8 \qquad (27)_8=(\underset{010}{\underset{\downarrow}{2}}\ \underset{111}{\underset{\downarrow}{7}})=(10111)_2$$

同理，二进制数转换成十六进制数时，只需要把二进制数从低位到高位，每4位分成一组，高位不足4位时补0，写出相应的十六进制数，所得到的就是二进制数的十六进制转换位。反之，将十六进制数中的每位都写成相应的4位二进制数，便可得到十六进制数的二进制转换值，如：

$$(7A)_{16}=(\underset{0111}{\underset{\downarrow}{7}}\ \underset{1100}{\underset{\downarrow}{A}})=(1111100)_2$$

（2）不同数制对照表如表4.1.2所示。

表4.1.2　不同数制对照表

十进制数	二进制数	八进制数	十六进制数	十进制数	二进制数	八进制数	十六进制数
0	0000	0	0	4	0100	4	4
1	0001	1	1	5	0101	5	5
2	0010	2	2	6	0110	6	6
3	0011	3	3	7	0111	7	7

续表

十进制数	二进制数	八进制数	十六进制数	十进制数	二进制数	八进制数	十六进制数
8	1000	10	8	12	1100	14	C
9	1001	11	9	13	1101	15	D
10	1010	12	A	14	1110	16	E
11	1011	13	B	15	1111	17	F

练一练

（1）将下列十六进制数分别转换成二进制数和十进制数。

① $(6A)_{16}$　　　　② $(F0)_{16}$

（2）将下列十进制数分别转换成二进制数和十六进制数。

① $(89)_{10}$　　　　② $(141)_{10}$

学习任务 2　逻辑代数基本运算与验证

数字电路用于研究输入信号与输出信号状态之间的关系，是一种逻辑关系。基本的逻辑关系有 3 种，即与、或、非。为便于理解这 3 种基本逻辑关系，下面以 3 个简单的指示灯控制电路为例进行分析讨论，并完成表 4.1.3。

表 4.1.3　3 个简单的指示灯控制电路

与逻辑（与运算、逻辑乘）	或逻辑（或运算、逻辑加）	非逻辑（非运算、逻辑反）
电路图（A、B 开关串联，灯 Y）	电路图（A、B 开关并联，灯 Y）	电路图（R 与开关 A 并联，灯 Y）
只有两开关同时闭合时，指示灯才会亮；只要有一个开关断开，指示灯就不亮。	只要开关有一个闭合或两个同时闭合，指示灯就会亮；只有当开关都断开时，指示灯才不亮。	当开关闭合时，指示灯不亮；当开关断开时，指示灯亮。
电路表明，只有当决定某一事件发生的所有条件全部具备时，这一事件才会发生	电路表明，在决定事件发生的多条件中，只要任一条件满足，事件就会发生	电路表明，条件具备时事件不发生，条件不具备时反而事件发生
上述三种电路情况还可以用状态表来呈现。设 A、B 表示开关的状态，并以 1 表示开关闭合，0 表示开关断开；Y 表示指示灯的状态，并以 1 表示灯亮，以 0 表示灯不亮		
状态表（真值表）	状态表（真值表）	状态表（真值表）
A B Y 0 0 0 1 1 0 1 1	A B Y 0 0 0 1 1 0 1 1	A Y 0 1
逻辑表达式：$Y = A \cdot B$ 其中"·"可以省略，也可以采用 ∧、∩ 及 & 符号来表示	逻辑表达式：$Y = A + B$ 其中"+"可以采用 ∨、∪ 符号来表示	逻辑表达式：$Y = \overline{A}$
运算规则：	运算规则：	运算规则：
图形符号： A、B 输入，&，$Y = A \cdot B$	图形符号： A、B 输入，≥1，$Y = A + B$	图形符号： A 输入，1，$Y = \overline{A}$

实际应用的逻辑电路往往比与、或、非复杂得多，但它们都可以用这 3 种最基本的逻辑关系组合实现，形成复合门。常见的复合门有与非门、或非门，如表 4.1.4 所示。

表 4.1.4 常见的复合门

类型	定义	真值表	表达式	图形符号
与非门	由与门、非门组合而成	A B Y 0 0 1 0 1 1 1 0 1 1 1 0 运算规则： 有 0 出 1，全 1 出 0	$Y=\overline{A \cdot B}$	A、B → & → 1 → Y ↓ A、B → & → $Y=\overline{A \cdot B}$
或非门	由或门、非门组合而成	A B Y 0 0 1 0 1 0 1 0 0 1 1 0 运算规则： 有 1 出 0，全 0 出 1	$Y=\overline{A+B}$	A、B → ≥1 → 1 → Y ↓ A、B → ≥1 → $Y=\overline{A+B}$

异或门、同或门和与或非门如表 4.1.5 所示。

表 4.1.5 异或门、同或门和与或非门

类型	真值表	表达式	图形符号
异或门	A B Y 0 0 0 0 1 1 1 0 1 1 1 0 输入相同，输出为 0； 输入不同，输出为 1	$Y = A \oplus B = \overline{A}B + A\overline{B}$	A、B → =1 → Y
同或门	A B Y 0 0 1 0 1 0 1 0 0 1 1 1 输入相同，输出为 1； 输入不同，输出为 0 （与异或门相反）	$Y = A \odot B = \overline{AB} + AB$	A、B → =1 → Y

续表

类型	真值表									
与或非门	A	B	C	D	Y	A	B	C	D	Y
	0	0	0	0	1	1	0	0	0	1
	0	0	0	1	1	1	0	0	1	1
	0	0	1	0	1	1	0	1	0	1
	0	0	1	1	0	1	0	1	1	0
	0	1	0	0	1	1	1	0	0	1
	0	1	0	1	1	1	1	0	1	1
	0	1	1	0	1	1	1	1	0	1
	0	1	1	1	0	1	1	1	1	0
	一组全1出0，各组有0出1									
表达式	$Y = \overline{A \cdot B + C \cdot D}$					图形符号				

上面介绍的一些常见门电路都属于半导体分立器件，由于其体积大、能耗大、可靠性差等，早已不被使用。近年来，随着电子技术飞速发展和集成电路的规模化生产，使性能更优越的 TTL 系列和 COMS 系列的集成门电路得到了广泛应用。下面认识一些常见集成门电路及引脚排列，如表 4.1.6 所示。

表 4.1.6　常见集成门电路及引脚排列

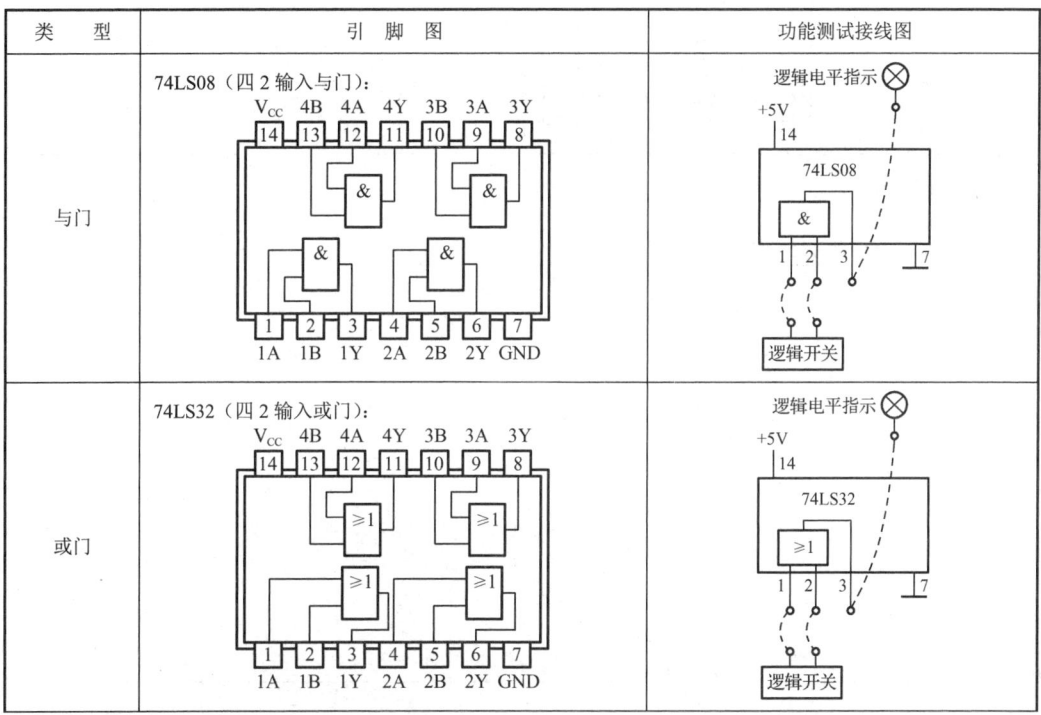

续表

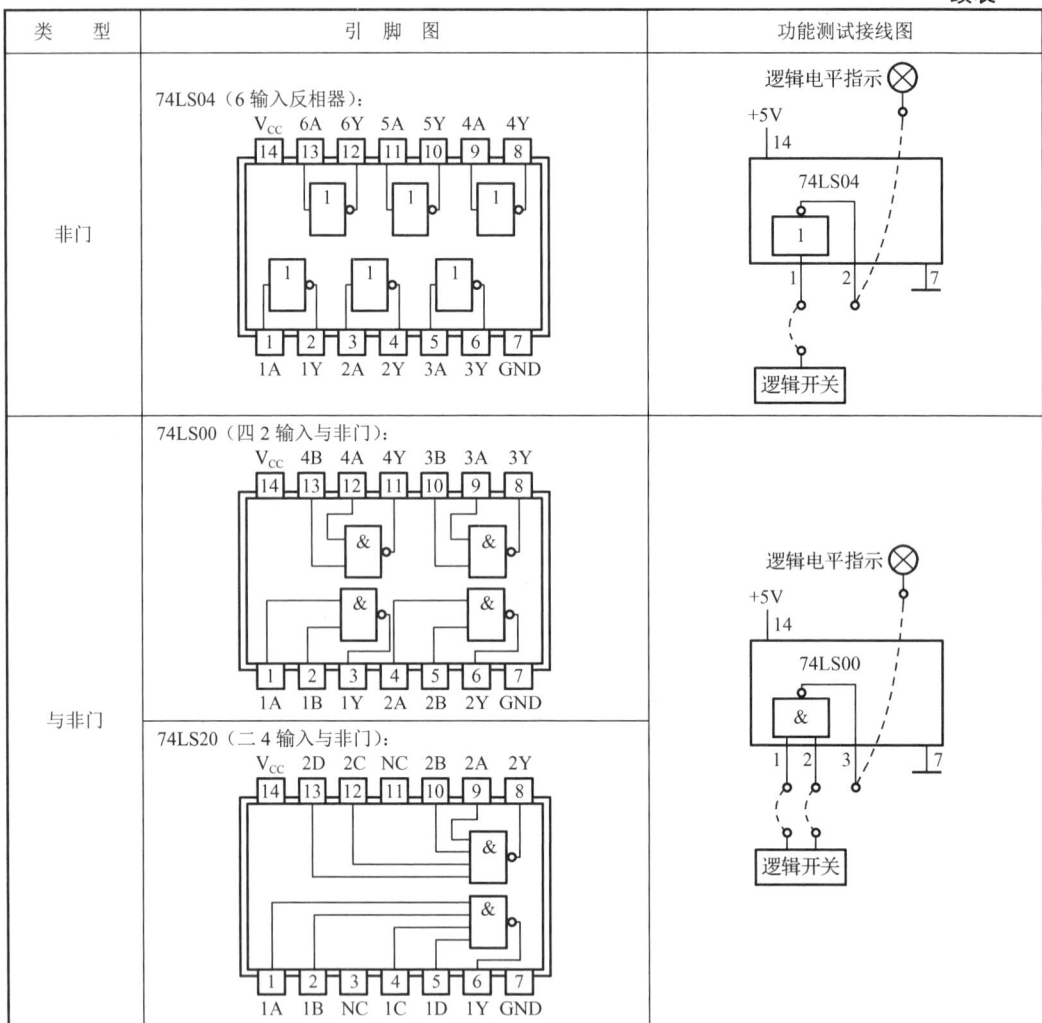

练一练

试着画一画 $Y=AB+BC$ 的逻辑门电路。

学习任务 3　基本门电路及应用

现在汽车上已大量应用数字电路技术，数字电路中常用逻辑代数来进行研究和分析问题。逻辑代数是分析逻辑电路的理论基础，为此我们需要学习逻辑代数的一些基本知识。

逻辑代数又称为布尔代数，是按一定逻辑关系进行运算的代数，与普通代数一样，有一套完整的运算规则作为研究分析和设计逻辑电路的数学基础，并用于描述数字电路中输入和输出的因果关系。在具体呈现逻辑代数时有常量和变量之分，逻辑常量只有 0 和 1，逻辑变量通常用 A、B、C 等字母表示，逻辑代数的公理、常变量之间的基本运算定律和常用公式如表 4.1.7 所示。

表 4.1.7　逻辑代数的公理、常变量之间的基本运算定律和常用公式

公理		$0 \cdot 0 = 0$	$0 + 0 = 0$
		$1 \cdot 0 = 0$	$1 + 0 = 1$
		$1 \cdot 1 = 1$	$1 + 1 = 1$
		$\overline{0} = 1$	$\overline{1} = 0$
		若 $A \neq 0$ 则 $A = 1$	若 $A \neq 1$ 则 $A = 0$
定律	0-1 律	$A + 0 = A$	$A + 1 = 1$
		$A \cdot 0 = 0$	$A \cdot 1 = A$
	互补律	$A + \overline{A} = 1$	$A \cdot \overline{A} = 0$
	重叠律	$A + A = A$	$A \cdot A = A$
	交换律	$A + B = B + A$	$A \cdot B = B \cdot A$
	结合律	$A + (B + C) = (A + B) + C$	$A \cdot (B \cdot C) = (A \cdot B) \cdot C$
	分配律	$A(B + C) = A \cdot B + A \cdot C$	$A + (B \cdot C) = (A + B) \cdot (A + C)$
	反演律	$\overline{A + B} = \overline{A} \cdot \overline{B}$	$\overline{A \cdot B} = \overline{A} + \overline{B}$
	还原律	\multicolumn{2}{c}{$\overline{\overline{A}} = A$}
	吸收律	$A + AB = A$	$A + \overline{A}B = A + B$
		$A(A + B) = A$	$A(\overline{A} + B) = AB$
		$AB + \overline{A}B = B$	$(A + B)(\overline{A} + B) = B$

小提示

（1）逻辑运算的优先级别决定了逻辑运算的先后顺序。各种逻辑运算的优先级别，由高到低的排序如下：

长非号或括号→逻辑乘→逻辑或

利用表 4.1.7 中这些基本运算定律和常用公式可以使逻辑函数最简化，使用较少的逻辑门实现相同的逻辑功能。从而可节省器件、降低成本，同时提高电路工作可靠性。

（2）逻辑代数化简常用法则（见表 4.1.8）。

表 4.1.8 逻辑代数化简常用法则

并项法： 利用 $AB+\bar{A}B=B$ 将两项并一项，消去一个变量	$Y = ABC + A\bar{B}C + AB\bar{C} + A\bar{B}\bar{C}$ $= AC(B+\bar{B}) + A\bar{C}(B+\bar{B})$ $= AC + A\bar{C}$ $= A$
配项法： 利用 $A+\bar{A}=1$、$A \cdot A=A$、$A+A=A$ 等公式消去函数中多余的变量	$Y = \bar{A}B + A\bar{B} + B\bar{C} + \bar{B}C$ $= \bar{A}B + A\bar{B}(C+\bar{C}) + B\bar{C}(A+\bar{A}) + \bar{B}C$ $= \bar{A}B + A\bar{B}C + A\bar{B}\bar{C} + AB\bar{C} + \bar{A}B\bar{C} + \bar{B}C$ $= \bar{A}B(1+\bar{C}) + (A+1)B\bar{C} + A\bar{C}(\bar{B}+B)$ $= \bar{A}B + B\bar{C} + A\bar{C}$
吸收法： 利用 $A(B+C)=AB+AC$、$\overline{A \cdot B}=\bar{A}+\bar{B}$ 等公式消去多余项	$Y = A\bar{B} + A\bar{C} + B\bar{C}$ $= A(\bar{B}+\bar{C}) + B\bar{C}$ $= A\overline{B\bar{C}} + B\bar{C}$ $= A + B\bar{C}$
消去法： 利用 $A+A=A$、$A+\bar{A}=1$、$A(B+C)=AB+AC$ 消去多余因子	$Y = ABC + A\bar{B}C + AB\bar{C}$ $= ABC + A\bar{B}C + AB\bar{C} + ABC$ $= AC(B+\bar{B}) + AB(\bar{C}+C)$ $= AC + AB$

用基本运算定律和公式进行化简往往难以确认化简结果是否是最简形式的，为此，我们还可借助于卡诺图化简法，不仅方法简单，而且很容易确认逻辑函数化简后的最简表达式。

卡诺图化简法是由美国工程师卡诺（Karnaugh）首先提出来的，所以把这种图形叫作卡诺图。卡诺图比较直观简洁，利用它可以方便地化简逻辑函数。下面一起来学习卡诺图的应用。

卡诺图用小方格来表示最小项，一个小方格代表一个最小项，将这些最小项按照相邻性排列起来，即用小方格几何位置上的相邻性来表示最小项逻辑上的相邻性。卡诺图实际上是真值表的一种变形，是一种矩阵式的真值表，一个逻辑函数的真值表有多少行，卡诺图就有多少个小方格。不同的是，真值表中的最小项是按照二进制加法规律排列的，而卡诺图中的最小项是按照相邻性排列的。

因此，卡诺图就是与变量的最小项对应的按一定规则排列的方格图，每个小方格代表一个最小项。什么是最小项？按什么规则排列呢？

1. 最小项

在逻辑函数表达式中，如果一个乘积项包含了所有的输入变量，而且每个变量都是以原变量或反变量的形式出现一次，且仅出现一次，那么该乘积项就被称为最小项。例如，逻辑函数 $Y(A, B)$ 有 4 个最小项，分别为 AB、$\bar{A}B$、$A\bar{B}$、$\bar{A}\bar{B}$，其特点是每项输入变量均以原变量和反变量形式出现一次，且仅一次。对于 n 个输入变量有 2^n 种组合，其相应的乘积项也有 2^n 个，则每个乘积项就被称为一个最小项。

小提示

（1）对于任意一个最小项，只有一组变量取值使它为 1。在变量取其他值时，这个最小项都为 0。例如，在三变量逻辑函数中，对最小项 $AB\bar{C}$，只有变量 ABC 为 110 时，该最小项为 1，对其他取值，该最小项都为 0。

（2）若两个最小项中只有一个变量互为反变量，其余各变量均相同，则称这两个最小项为相邻项。两个相邻项合并，可消去互为反变量的变量。例如，$AB\bar{C}$ 和 ABC 为相邻项，两个最小项相加，$ABC + AB\bar{C} = AB(C+\bar{C}) = AB$，消去了变量 C。

（3）对于变量的任何一组取值，全体最小项之和为 1。

（4）任意两个最小项的乘积为 0。

（5）具有 n 个变量的逻辑函数，每个最小项都有 n 个相邻项。

2．排列规则

如表 4.1.9 所示，在卡诺图中，每个最小项的变量取值为 1 代表原变量，为 0 的代表反变量，上述逻辑函数 $Y(A, B)$ 的 4 个最小项可表示成 11、01、10、00。任何一个逻辑函数表达式，可将其所具有的最小项在卡诺图对应的方格中填 1。

表 4.1.9　卡诺图

二变量	二变量逻辑函数 $Y(A, B)$ 共有 4 个最小项，其卡诺图如下图所示。图中，二变量 A、B 作为卡诺图的纵、横坐标，0 和 1 为变量的两种可能取值，其中 0 对应反变量，1 对应原变量。 为方便起见，可以用十进制数对各单元编号，并将编号填写在各自的方格中。编号的方法：最小项中的原变量用 1、反变量用 0 表示，构成二进制数；将此二进制数转换成相应的十进制数，就是该最小项的编号。例如，$A\bar{B}$ 的二进制数为 10，对应的十进制数为 2，即 $A\bar{B}$ 的编号为 m_2 或 2。 　　A＼B　0　　1　　　　　A＼B　0　1 　　0　m_0　m_1　　　　　　0　0　1 　　　　$\bar{A}\bar{B}$　$\bar{A}B$ 　　1　m_2　m_3　　　　　　1　2　3 　　　　$A\bar{B}$　AB
三变量	三变量卡诺图如下图所示。 　A＼BC　00　01　11　10　　　　A＼BC　00　01　11　10 　0　m_0　m_1　m_3　m_2　　　　　　0　0　1　3　2 　　　$\bar{A}\bar{B}\bar{C}$　$\bar{A}\bar{B}C$　$\bar{A}BC$　$\bar{A}B\bar{C}$ 　1　m_4　m_5　m_7　m_6　　　　　　1　4　5　7　6 　　　$A\bar{B}\bar{C}$　$A\bar{B}C$　ABC　$AB\bar{C}$
四变量	每个四变量的最小项都有 4 个最小项与它相邻，最左列的最小项与最右列的相应最小项也是相邻的；最上面一行的最小项与最下面一行的相应最小项也是相邻的；对角的两个最小项也是相邻的。 　AB＼CD　00　　01　　11　　10　　　AB＼CD　00　01　11　10 　00　m_0　m_1　m_3　m_2　　　　　　00　0　1　3　2 　　　$\bar{A}\bar{B}\bar{C}\bar{D}$　$\bar{A}\bar{B}\bar{C}D$　$\bar{A}\bar{B}CD$　$\bar{A}\bar{B}C\bar{D}$ 　01　m_4　m_5　m_7　m_6　　　　　　01　4　5　7　6 　　　$\bar{A}B\bar{C}\bar{D}$　$\bar{A}B\bar{C}D$　$\bar{A}BCD$　$\bar{A}BC\bar{D}$ 　11　m_{12}　m_{13}　m_{15}　m_{14}　　　　　11　12　13　15　14 　　　$AB\bar{C}\bar{D}$　$AB\bar{C}D$　$ABCD$　$ABC\bar{D}$ 　10　m_8　m_9　m_{11}　m_{10}　　　　　10　8　9　11　10 　　　$A\bar{B}\bar{C}\bar{D}$　$A\bar{B}\bar{C}D$　$A\bar{B}CD$　$A\bar{B}C\bar{D}$

续表

状态表、逻辑函数、卡诺图可以直接相互转换。				将变量输出1填入相应单元格，输出为0的可不填。

A	B	C	Y
0	0	0	0
0	0	1	1
0	1	0	1
0	1	1	0
1	0	0	1
1	0	1	0
1	1	0	0
1	1	1	1

A	BC			
	00	01	11	10
0				
1				

$Y = $ _____

提示：将逻辑表达式中的最小项分别用1填入相应单元格。如果式中最小项不全，则可不填

下面通过例题 $Y = ABC + A\overline{B}C + AB\overline{C}$，介绍卡诺图化简逻辑函数步骤。

（1）画卡诺图并填写最小项（见表 4.1.10）。

表 4.1.10 填写最小项

A	BC			
	00	01	11	10
0	0	0	0	0
1	0	1（ ）	1（ ）	1（ ）

注意：卡诺图化简适用于与或式，非与或关系的逻辑表达式需要转换为与或式。

（2）合并最小项（见图 4.1.2）。

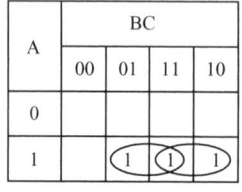

图 4.1.2 合并最小项

将取值为1的相邻小方格画圈，被圈格数应为 2^n（1,2,4,8,…）。2个圈的最小项分别为

$$ABC + A\overline{B}C = AC$$
$$ABC + AB\overline{C} = AB$$

简化要点：保留一个圈内最小项的相同变量，消去相反变量。

（3）写出简化逻辑表达式：

$$Y = \text{_____}$$

卡诺图化简规则总结如下。

(1) 各合并圈中"1"的个数必须是 2^n 个。
(2) 圈的个数应尽可能少,每个圈应尽可能大。
(3) 任何一个"1"可以被多个圈重复使用,但应确保每个"圈"至少要包含一个未被圈过的"1"。
(4) 所有的"1"必须全部被圈完。
(5) 化简后的逻辑表达式是每个"圈"结果的逻辑和。

练一练

应用卡诺图化简。
(1) $Y = \bar{A}\bar{B}\bar{C} + \bar{A}\bar{B}C + A\bar{B}\bar{C} + \bar{A}BC$。

(2) $Y = \bar{A}\bar{B}\bar{D} + B\bar{C}D + BC + C\bar{D} + \bar{B}\bar{C}\bar{D}$。

项目 2　组合逻辑电路及应用

学习地图

在数字系统中，根据逻辑功能特点的不同可分为两大类：一类是组合逻辑电路（简称组合电路），另一类是时序逻辑电路（简称时序电路）。组合电路是指电路在任一时刻的输出状态都只取决于该时刻输入信号的组合，而与前一个输入状态无关。

本项目介绍组合逻辑电路中编码器、译码器、数码管、数码驱动电路等的原理、功能及应用。

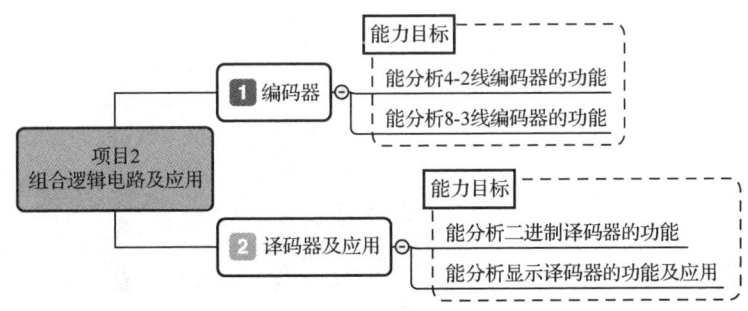

任务引入

人们为解决在实践中遇到的各种逻辑问题，设计了许多逻辑电路。然而发现，其中有些逻辑电路经常大量地出现在各种数字系统中。为了方便使用，各厂家已经把这些逻辑电路制造成集成的组合逻辑电路产品。

组合逻辑电路的应用十分广泛，不仅能独立完成各种功能复杂的逻辑运算，而且是时序逻辑电路的组成部分，所以组合逻辑电路在逻辑设计中占有很重要的位置。

学习任务 1　编码器

汽车上有很多控制电路，其中有些控制部分可以将基本的与、或、非及一些复合门组合起来使用，并构成组合逻辑电路。组合逻辑电路不具有记忆功能，任何时刻的输出状态，直接由当时的输入状态决定，而与该时刻以前的电路状态无关。

图 4.2.1 所示为简单车门报警电路，图中的两个开关（S_1, S_2）分别装在汽车的两扇门上，只要任何一个开关处于开路状态（输入为逻辑 1），输出就是逻辑 1，发光二极管（警报灯）就发光。

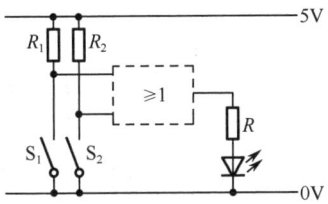

图 4.2.1　简单车门报警电路

当遇到一个组合逻辑电路，我们想要了解电路的功能作用时应如何做？这就需要对电路进行分析。分析组合逻辑电路就是对已知电路用逻辑代数分析其性质，判断其功能。一般分析步骤如图 4.2.2 所示。

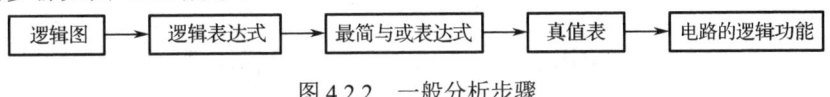

图 4.2.2　一般分析步骤

例：分析图 4.2.3 所示逻辑电路功能。

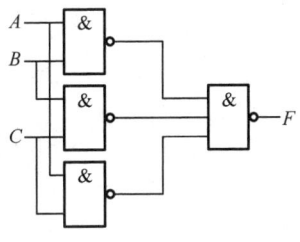

图 4.2.3　逻辑电路

解：（1）写出逻辑函数表达式：$F = $ _____。

（2）逻辑代数化简：$F = $ _____。

（3）列逻辑状态表，如表 4.2.1 所示。

表 4.2.1　逻辑状态表

A	B	C	F
0	0	0	
0	0	1	
0	1	0	
0	1	1	

续表

A	B	C	F
1	0	0	
1	0	1	
1	1	0	
1	1	1	

（4）分析逻辑功能：由逻辑状态表可知，当3输入变量中有2个或3个输入为1时，输出 F 为1，否则为0。这类电路在实际应用中常作为多数表决电路。

除了能分析逻辑电路功能，有时还得学着如何设计出所需的组合逻辑电路。组合逻辑电路设计就是按照给定的功能要求设计画出逻辑图。

一般设计步骤如图4.2.4所示。

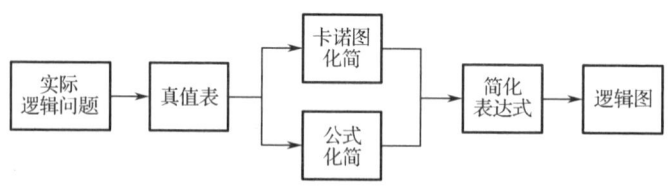

图 4.2.4　一般设计步骤

例：某汽车驾驶员培训班进行结业考试。有3名评判员，其中 A 为主评判员，B、C 为副评判员。评判时按少数服从多数原则，但只要主评判员认为合格，也可通过。试用与非门构成逻辑电路实现评判规定。

解：（1）根据逻辑要求，设3个输入变量为 A、B、C，输出变量为 Y，规定如下。

主评判员 A 意见为_____；

副评判员 B、C 意见为_____；

输出变量 Y 为1时，评判为_____，输出 Y 为0时，评判为_____。

（2）列逻辑状态表，如表4.2.2所示。

表 4.2.2　逻辑状态表

A	B	C	Y
0	0	0	
0	0	1	
0	1	0	
0	1	1	
1	0	0	
1	0	1	
1	1	0	
1	1	1	

（3）由逻辑状态表写出逻辑表达式，并化简，卡诺图如图 4.2.5 所示。

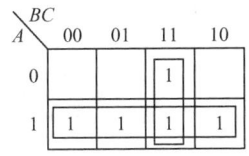

图 4.2.5 卡诺图

$Y = $ _____

化简式：$Y = $ _____

（4）画逻辑电路图，如图 4.2.6 所示。

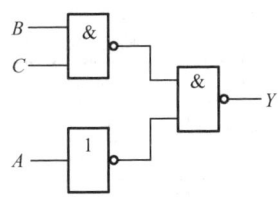

图 4.2.6 逻辑电路图

在数字电路中，经常要把输入的各种信号（如十进制数、文字、符号等）转换成若干位二进制数，这种转换过程被称为编码。编码器是指能够实现编码功能的组合逻辑电路。下面一起来学习编码器的相关知识，如表 4.2.3 所示。

想一想：当你按下电脑键盘的"A"键时，电脑怎么知道你按的是哪个键呢？这就需要通过编码，即将特定信息用二进制代码表示的过程。

表 4.2.3 编码器的相关知识

功能与分类	能够实现编码的电路被称为编码器。编码器输入的是人为规定的信号，输出的是信号量对应的一组二进制代码。虽然从输入到输出的过程是自动完成的，但是输入信号和输出代码之间一一对应的关系是在电路设计之初由设计者人为规定的。按照被编码信号的不同特点和要求，编码器可分为_____编码器、_____编码器和_____编码器						
二进制编码器	将输入信号编成二进制代码的电路被称为二进制编码器。1 位二进制代码可表示 0、1 两个不同的信号，2 位二进制代码可表示 4 个不同的信号（00、01、10、11）。依次类推，n 位二进制代码可表示 2^n 个不同信号。以 4-2 线编码器为例，可以将输入的 4 个信息分别编成 4 个 2 位二进制代码输出，其功能表如左表所示。设 1 为输入有效信号，0 为输入无效。任何时刻输入只有一个有效信号，$Y_0=$____，$Y_1=$____，因而可以得到由两个或门组成的 4-2 线编码器。当 I_1、I_2、I_3 均为 0 时，电路的输出就是 I_0 的编码	输入				输出	
		I_3	I_2	I_1	I_0	Y_1	Y_0
		0	0	0	1	0	0
		0	0	1	0	0	1
		0	1	0	0	1	0
		1	0	0	0	1	1

续表

二进制编码器	由 4-2 线编码器真值表可见，编码器在任何时刻只能对一个输入信号编码，不允许两个或两个以上的输入信号同时请求编码，否则输出编码会发生混乱。 其中，I_0 属于隐性编码，即另外 3 个输入无效时，输出为 I_0 的编码。同理，3 位二进制代码可以表示 8 种不同的状态。由于该编码器有 8 个输入，3 个输出，所以又称为 8-3 线编码器，请根据上述原理，完成表格内容。试着画出 8-3 线编码器的逻辑图。 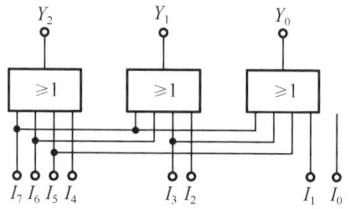 3 位二进制编码器真值表 | 输入								输出		||---|---|---|---|---|---|---|---|---|---|---|| I_7 | I_6 | I_5 | I_4 | I_3 | I_2 | I_1 | I_0 | Y_2 | Y_1 | Y_0 || 0 | 0 | 0 | 0 | 0 | 0 | 0 | 1 | 0 | 0 | 0 || 0 | 0 | 0 | 0 | 0 | 0 | 1 | 0 | 0 | 0 | 1 || 0 | 0 | 0 | 0 | 0 | 1 | 0 | 0 | 0 | 1 | 0 || 0 | 0 | 0 | 0 | 1 | 0 | 0 | 0 | 0 | 1 | 1 || 0 | 0 | 0 | 1 | 0 | 0 | 0 | 0 | 1 | 0 | 0 || 0 | 0 | 1 | 0 | 0 | 0 | 0 | 0 | 1 | 0 | 1 || 0 | 1 | 0 | 0 | 0 | 0 | 0 | 0 | 1 | 1 | 0 || 1 | 0 | 0 | 0 | 0 | 0 | 0 | 0 | 1 | 1 | 1 |
二-十进制编码器	能将 0~9 这 10 个十进制数转换为二进制数的电路被称为二-十进制编码器。常用的为 8421BCD 编码器，简称 BCD 码。请根据下图逻辑电路分析其功能。 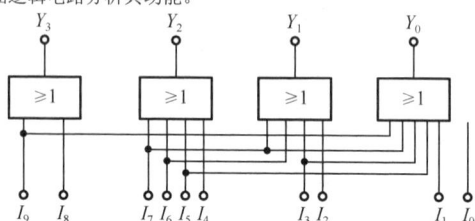 $Y_0 =$ $Y_1 =$ $Y_2 =$ $Y_3 =$
优先编码器	在前面讨论的编码器中，同一时刻仅允许有 1 个输入信号，如果有 2 个或 2 个以上信号同时输入，那么输出就会出现错误码的编码。在优先编码器中，允许同时输入 2 个以上的编码信号，编码器自动对所有输入信号按优先顺序排队。当几个信号同时输入时，它只对优先级最高的信号进行编码。例如，计算机的键盘输入逻辑电路就是优先编码器的典型应用

下面，通过一个例题简单了解一下优先编码器。

例：电话室有三种电话，按由高到低优先级排序依次是火警电话、急救电话、工作电话，要求电话编码依次为 00、01、10。试设计电话编码控制电路。

解：（1）由题意，同一时间电话室只能处理一部电话，如用 A、B、C 分别代表火警电话、急救电话、工作电话。设电话铃响用 1 表示，铃没响用 0 表示。当优先级别高的信号有效时，低级别的信号不起作用，这时用×表示；用 Y_1 和 Y_2 表示输出编码。

（2）列状态表，如表 4.2.4 所示。

表 4.2.4　状态表

输	入		输	出
A	B	C	Y_1	Y_2
1	×	×	0	0
0	1	×	0	1
0	0	1	1	0

（3）写出逻辑表达式。

$$Y_1 = \overline{A}\,\overline{B}C, \quad Y_2 = \overline{A}B$$

（4）画优先编码器逻辑图，如图 4.2.7 所示。

74LS148 是一种常用的 8-3 线优先编码器，它和普通的 8-3 线编码器有什么区别呢？

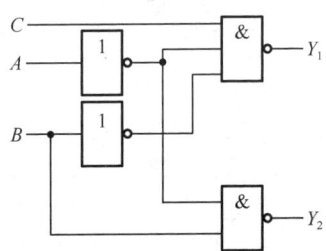

图 4.2.7　优先编码器逻辑图

（1）普通 8-3 线编码器。

普通 8-3 线编码器有 8 个输入端，3 个输出端，输入信号互斥，为高电平有效。真值表如表 4.2.5 所示。

表 4.2.5　真值表

输				入				输		出
I_0	I_1	I_2	I_3	I_4	I_5	I_6	I_7	A_2	A_1	A_0
1	0	0	0	0	0	0	0	0	0	0
0	1	0	0	0	0	0	0	0	0	1
0	0	1	0	0	0	0	0	0	1	0
0	0	0	1	0	0	0	0	0	1	1
0	0	0	0	1	0	0	0	1	0	0

续表

I_0	I_1	I_2	I_3	I_4	I_5	I_6	I_7	A_2	A_1	A_0
0	0	0	0	0	1	0	0	1	0	1
0	0	0	0	0	0	1	0	1	1	0
0	0	0	0	0	0	0	1	1	1	1

逻辑表达式：$A_2 = \overline{\overline{I_4 I_5 I_6 I_7}}$，$A_1 = \overline{\overline{I_2 I_3 I_6 I_7}}$，$A_0 = \overline{\overline{I_1 I_3 I_5 I_7}}$。

（2）74LS148 优先编码器的介绍如表 4.2.6 所示。

表 4.2.6　74LS148 优先编码器的介绍

74LS148 引脚图	输入端 $\overline{I_0} \sim \overline{I_7}$	低电平有效。$\overline{I_7}$ 优先级最高，$\overline{I_0}$ 优先级最低
	输出端 $\overline{Y_2}$、$\overline{Y_1}$、$\overline{Y_0}$	低电平有效
	使能输入端 $\overline{S}$	$\overline{S}=0$，编码器正常工作；$\overline{S}=1$，编码器禁止工作，输出均被封锁为高电平
	使能输出端 $\overline{Y_S}$	扩展编码。只有当所有输入均为高电平（没有编码输入），且 $\overline{S}=0$ 时，$\overline{Y_S}=0$，表示"电路工作，但无编码输入"
	扩展输出端 $\overline{Y_{EX}}$	扩展编码。只要任一输入为低电平（有编码输入），且 $\overline{S}=0$ 时，$\overline{Y_{EX}}=0$，表示"电路工作，有编码输入"

逻辑功能表

$\overline{S}(\overline{E})$	$\overline{I_7}$	$\overline{I_6}$	$\overline{I_5}$	$\overline{I_4}$	$\overline{I_3}$	$\overline{I_2}$	$\overline{I_1}$	$\overline{I_0}$	$\overline{Y_2}$	$\overline{Y_1}$	$\overline{Y_0}$	$\overline{Y_{EX}}$	$\overline{Y_S}$
1	×	×	×	×	×	×	×	×	1	1	1	1	1
0	1	1	1	1	1	1	1	1	1	1	1	1	0
0	0	×	×	×	×	×	×	×	0	0	0	0	1
0	1	0	×	×	×	×	×	×	0	0	1	0	1
0	1	1	0	×	×	×	×	×	0	1	0	0	1
0	1	1	1	0	×	×	×	×	0	1	1	0	1
0	1	1	1	1	0	×	×	×	1	0	0	0	1
0	1	1	1	1	1	0	×	×	1	0	1	0	1
0	1	1	1	1	1	1	0	×	1	1	0	0	1
0	1	1	1	1	1	1	1	0	1	1	1	0	1

由表可知：只要最高级 $\overline{I_7}=0$，其余端不管输入什么信号，编码器都只对 $\overline{I_7}$ 进行编码

练一练

试用非门和与非门设计一个能将 I_0、I_1、I_2、I_3（优先级由低到高）

编码器实验

4个输入信号编成二进制码的优先编码器。

学习任务 2　译码器及应用

想一想：生活中常见的电子日历表是怎么显示时间、日期等信息的呢？这得归功于译码的功劳。

译码是编码的逆过程。译码是将表示特定意义信息的二进制代码"翻译"出来。能实现译码功能的电路被称为译码器。下面一起来学习译码器的相关知识，如表 4.2.7 所示。

表 4.2.7　译码器的相关知识

功能与分类	译码器输入为二进制代码，输出为与输入代码相对应的特定信息。译码器按用途大致分为 3 种类型：一是二进制译码器；二是二-十进制译码器，能将一种代码转换成另一种代码，如将 BCD 码转换成十进制数；三是显示译码器，可将数字测量仪表的结果用数字直观地显示出来
二进制译码器	将二进制代码按其原意翻译成对应输出信号的电路，称为二进制译码器。若输入是 2 位二进制代码，译码器输出为 4 根线，则又称为 2-4 线译码器；输入是 3 位二进制代码，译码器输出为 8 根线，又称为 3-8 线译码器；输入是 n 位二进制代码，译码器输出为 2^n 根线。 仍然以 2-4 线译码器为例，请根据真值表写出输出表达式。 $Y_0 =$ $Y_1 =$ $Y_2 =$ $Y_3 =$ 真值表： | 输入 || 输出 |||| | B | A | Y_3 | Y_2 | Y_1 | Y_0 | | 0 | 0 | 0 | 0 | 0 | 1 | | 0 | 1 | 0 | 0 | 1 | 0 | | 1 | 0 | 0 | 1 | 0 | 0 | | 1 | 1 | 1 | 0 | 0 | 0 |
二-十进制译码器	将 8421BCD 码翻译成对应的 10 个十进制数字信号的电路，叫作二-十进制译码器。该译码器的输入是十进制数的二进制编码，输出的 10 个信号与十进制数的 10 个数字相对应，右图为二-十进制译码器逻辑图
显示译码器	在数字系统中，人们往往希望把运算或操作的结果用十进制数直观地显示出来，因此数字显示电路就成了此数字系统的一个组成部分。 数字显示器件的种类较多，主要有半导体发光二极管显示器、液晶显示器等。显示的字形是由显示器的各段组合成数字 0~9，或者其他符号。我国数码管标准为七段字形，它有 7 个能发光的段，当给某段加上一定的电压或驱动电流时，它就会发光，从而显示出相应的字形。由于各种数码管的驱动要求不同，因此驱动各种数码管的译码器也不同
门电路驱动 LED	LED 工作时要加驱动电流。驱动电路通常采用与非门，由低电平驱动和高电平驱动，如右图所示，R_S 为限流电阻，调节其大小可以改变流过 LED 的电流，从而控制 LED 的亮度。其工作电压为 1.5~3V，工作电流为几毫安到几十毫安

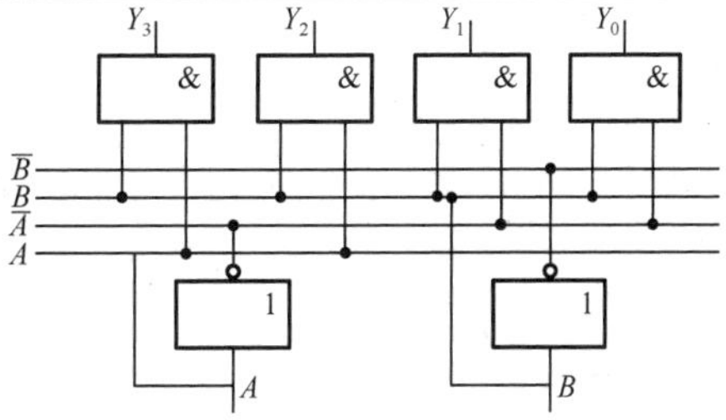

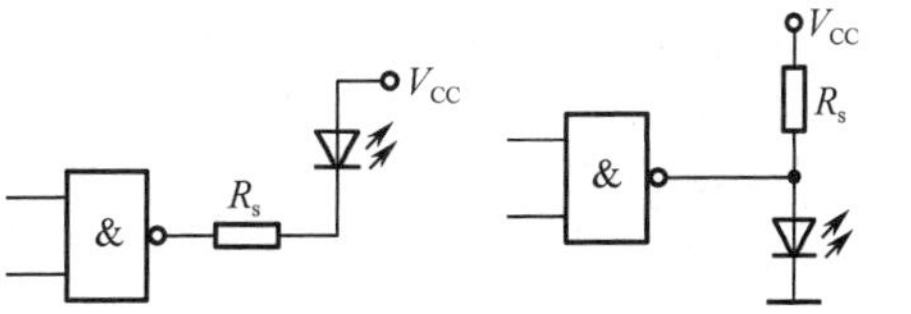

续表

LED 数码管	LED 数码管（又称为 LED 七段显示器），是用发光二极管（LED）组成的七段字形显示件。根据 LED 的接法不同，可分为共阴和共阳两类，由七个发光管组成 8 字形，加上小数点就是 8 段。这些段分别由字母 a，b，c，d，e，f，g，h（小数点）来表示，能够显示某个字符的七位数码，就称为这个字符的七段码。特点是工作电压低、体积小、寿命长、转换速度快、颜色丰富、清晰、工作性能可靠，但是工作电流较大 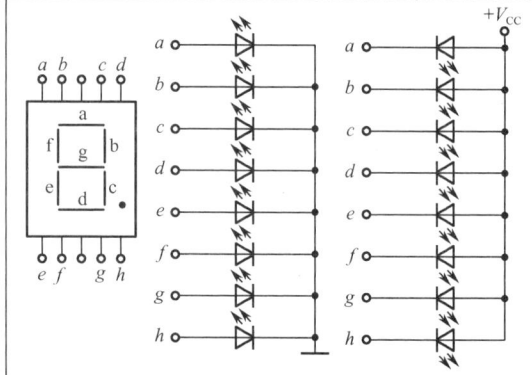
七段显示译码器	七段显示译码器把输入的 BCD 码翻译成驱动七段 LED 数码管各对应段所需的电压。74LS49 是一种七段显示译码器，其逻辑符号如下图所示。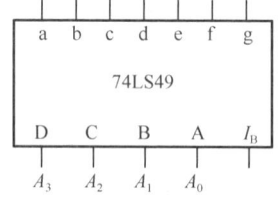 译码输入端：D、C、B、A 为 8421BCD 码，七段代码输出端 a，b，c，d，e，f，g 中某段输出为高电平时该段被点亮，用以驱动高电平有效的七段显示 LED 数码管。灭灯控制端 $I_B=1$ 时，译码器处于正常译码工作状态；若 $I_B=0$，则不管 D、C、B、A 输入什么信号，译码器各输出端均为低电平，处于灭灯状态。利用 I_B 信号，可以控制数码管按照要求处于显示或灭灯状态

做一做

1. 选取合适的元件，在有万用表和没有万用表的情况下搭建数码管检测电路，对数码管功能进行测试，填写表 4.2.8。

数码显示器实验

表 4.2.8 实施工单

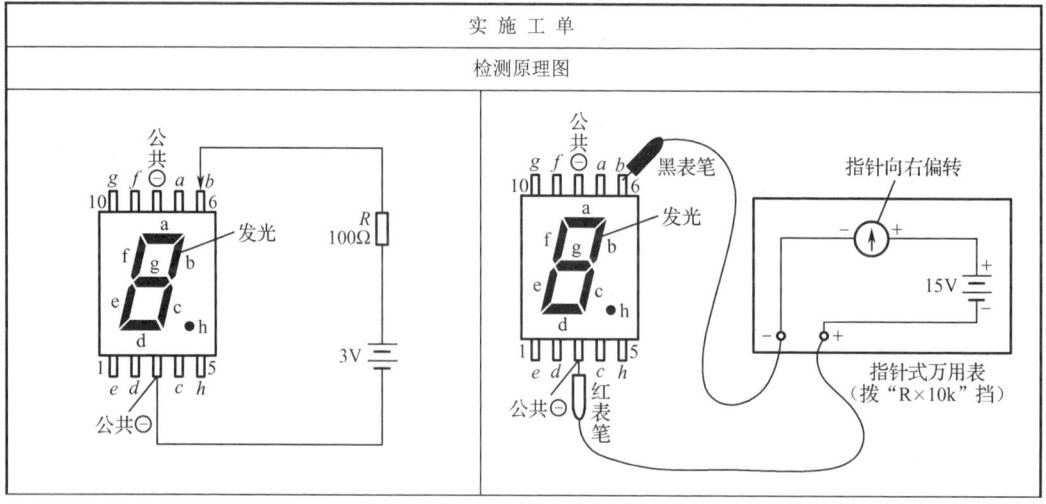

续表

元件选用及规格	① 数码管型号：_____ ② $R=$_____ ③ 输出电压：_____ ④ 万用表挡位：_____

2. 结合编码器电路和数码显示器，设计一个显示译码器电路。

显示译码器实验

评价反馈

（1）检查训练任务的标准：真实、完整、有效。

（2）按各学习活动进行自评或互评。

评价反馈表如表 4.2.9 所示。

表 4.2.9 评价反馈表

评价指标	考核指标	自评	互评	师评	均分	总评
任务完成情况（40分）	安全操作与规范（10分）					
	完成任务过程情况（5分）					
	完成任务质量（5分）					
	成员在小组任务中的作用（5分）					
	引导问题填写（5分）					
	关键操作要领掌握（5分）					
	作品分享（5分）					
专业知识（30分）	电路设计、搭建与模型转化（10分）					
	电子元器件的正确选择（10分）					
	故障排除（5分）					
	现象验证（5分）					
职业素养（30分）	学习态度：积极主动、参与学习、创新思维（10分）					
	团队合作：沟通协作、参与讨论（10分）					
	现场管理：工位安排、5S管理、环保节能（10分）					
	综合评价等级					

练一练

（1）组合逻辑电路的输出只取决于输入信号的现态。（　　）

（2）3-8线译码器电路是三-八进制译码器。（　　）

（3）编码电路的输入量一定是人们熟悉的十进制数。（　　）

（4）八输入端的编码器按二进制数编码时，输出端的个数是（　　）。

　　A．2个　　　　　B．3个　　　　　C．4个　　　　　D．8个

（5）四输入的译码器，其输出端最多为（　　）。

　　A．4个　　　　　B．8个　　　　　C．10个　　　　　D．16个

（6）什么是编码？什么是译码？二进制编码和二-十进制编码有何不同？

模块 4　数字电路分析与应用

项目 3　时序逻辑电路及应用

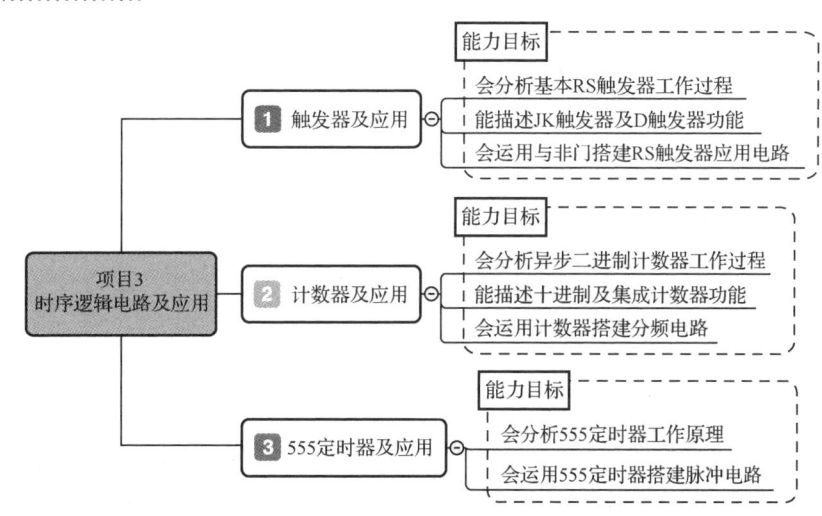

任务引入

具有存储记忆功能的电路被称为时序逻辑电路。典型的时序逻辑电路是由触发器构成的计数器和 555 定时器电路等，而触发器就是构成时序逻辑电路的基本单元。本项目主要对触发器的基本性质、控制类型、触发方式、逻辑功能及其应用进行介绍，并了解由其构成的计数器和 555 定时器电路的结构和工作原理，并能够应用于实际中。

学习任务 1　触发器及应用

根据触发器电路结构的不同,可分为基本 RS 触发器、同步触发器、主从触发器等。下面就通过完成表 4.3.1 中的内容,一起来学习触发器的相关知识。请阅读表 4.3.1 的内容并回答问题。

表 4.3.1　触发器的相关知识

功能	触发器是由门电路构成的单元电路,它可以接收、存储并输出二进制信息 0 和 1。在任一时刻,触发器只处于一种稳定状态,当接到触发脉冲时,才由一种稳定状态翻转到另一种稳定状态,即在 0 和 1 之间转换,俗称翻转					
特点	输出状态不只与当前的输入状态有关,还与前一时刻的输出状态有关					
分类	① 按触发方式:可分为_____触发器、_____触发器、_____触发器及_____触发器等。 ② 按逻辑功能:可分为 RS 触发器、D 触发器、JK 触发器、T 触发器等					
基本 RS 触发器	组成及符号	RS 触发器由___个与非门交叉组合构成,其逻辑电路如下图所示。图中 $\bar{R}$、$\bar{S}$ 为触发器的输入端,字母上面的反号及逻辑符号图上 $\bar{R}$、$\bar{S}$ 端的圆圈表示低电平(或负脉冲)有效。 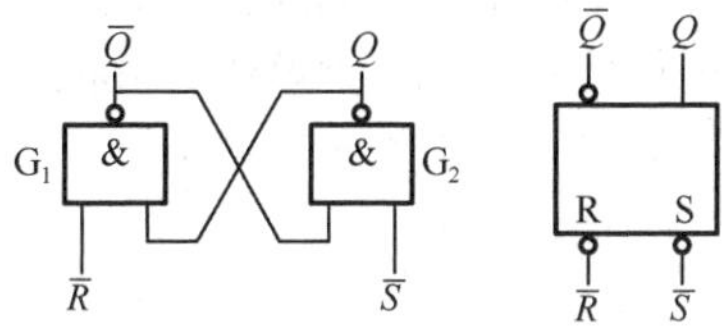 Q 和 $\bar{Q}$ 是触发器的 2 个输出端,正常工作时这 2 个输出端状态相反。触发器的输出状态有 2 个:0 态(通常规定 $Q=0$,$\bar{Q}=1$ 时)和 1 态($Q=1$,$\bar{Q}=0$ 时)					
	功能与真值表	置 0:$\bar{R}=0$,$\bar{S}=1$,当 $\bar{R}$ 端接低电平或输入负脉冲,即 $\bar{R}=0$ 时,对与非门 G_2 而言,无论输出端 $\bar{Q}$ 原来的状态怎样,此时 $\bar{Q}$ 必然都为 1。由于与非门 G_1 两个输入端都为 1,其输出端 Q 必然为 0。这时,即使 $\bar{R}$ 端恢复到高电平,Q 仍为 0,所以把 $\bar{R}$ 端称为复位端或置 0 端					
		置 1:$\bar{R}=1$,$\bar{S}=0$ 当 $\bar{S}=0$ 时,$\bar{Q}=1$,对与非门 G_2 而言,$\bar{R}=1$,$\bar{Q}=1$,输出端 $Q=0$,触发器输出为 1 态。 结论:这种状态下 $Q=1$,即使 $\bar{S}$ 恢复高电平,Q 仍为 1,把 $\bar{S}$ 称为置 1 端	基本 RS 触发器状态表				
			$\bar{R}$	$\bar{S}$	Q^n	Q^{n+1}	功能
			0	1	0		置 0
			0	1	1		
		保持:$\bar{R}=\bar{S}=1$ 若 $Q=0$,$\bar{Q}=1$,则仍然有 $Q=0$;若 $Q=1$,$\bar{Q}=0$,则仍然有 $Q=1$。 结论:触发器的状态维持原有的状态不变	1	0	0		置 1
			1	0	1		
			1	1	0		保持
			1	1	1		
			0	0	0		禁止
			0	0	1		
		禁止:$\bar{R}=\bar{S}=0$,此时 $Q=\bar{Q}=1$,破坏了输出互补的规定。当输入端同时由 0 变为 1 时,输出端可能为 0 也可能为 1,状态不定,必须避免出现这种不定的状态					
	应用	常用的机械开关作为信号用时都有抖动现象,而采用如下图所示电路,可消除开关的抖动。采用了基本 RS 触发器后,当开关由 A 点扳向 B 点时,B 点则由于开关的弹性回跳,需要过一段时间才能稳定在低电平,造成 $\bar{S}$ 在 0、1 之间来回变化。但只要 $\bar{S}$ 端出现第一个低电平时,就使 Q 端由 0 状态变为 1 状态,而一旦 Q 置 1,即使 $\bar{S}$ 在 0、1 之间来回变化,输出 Q 端都无抖动,也就是触发器输出波形稳定。					

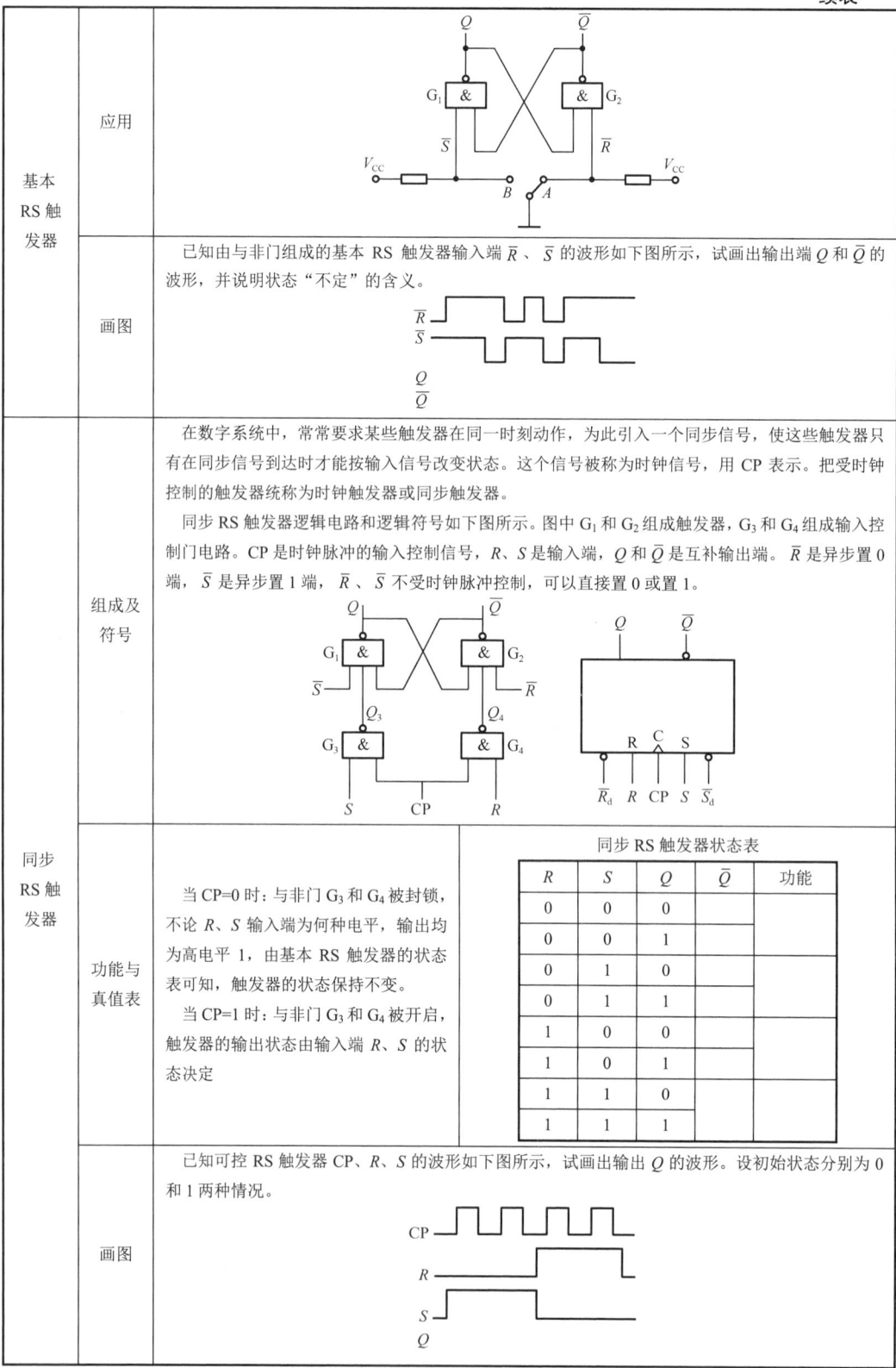

模块 4　数字电路分析与应用

小提示

同步 RS 触发器一般要求在 CP = 1 时，触发器只能翻转一次，即 CP = 1 期间 R、S 的状态不能再有变化。否则，R、S 的变化将会引起触发器状态的相应变化，即触发器在 CP = 1 期间可能有多次翻转，出现"空翻"现象，从而失去同步的意义。

主从 JK 触发器的介绍如表 4.3.2 所示。

表 4.3.2　主从 JK 触发器的介绍

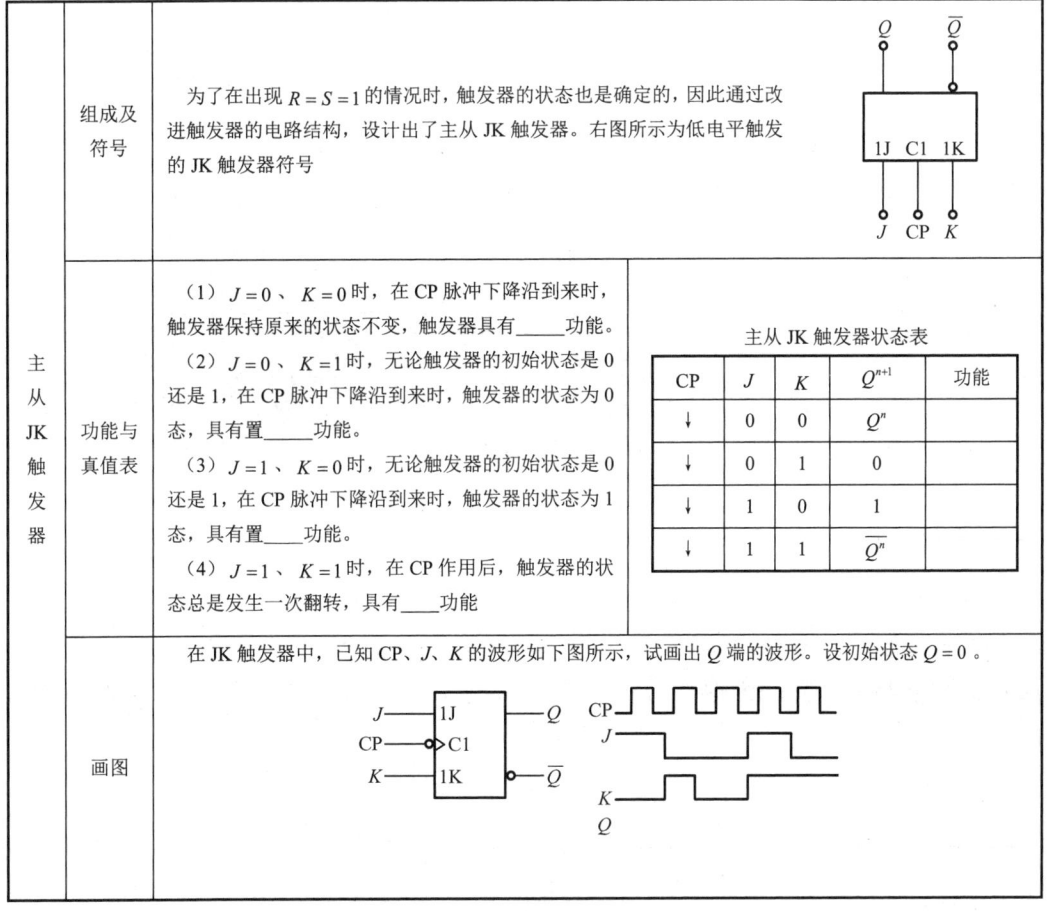

主从JK触发器	组成及符号	为了在出现 $R=S=1$ 的情况时，触发器的状态也是确定的，因此通过改进触发器的电路结构，设计出了主从 JK 触发器。右图所示为低电平触发的 JK 触发器符号				
	功能与真值表	（1）$J=0$、$K=0$ 时，在 CP 脉冲下降沿到来时，触发器保持原来的状态不变，触发器具有____功能。 （2）$J=0$、$K=1$ 时，无论触发器的初始状态是 0 还是 1，在 CP 脉冲下降沿到来时，触发器的状态为 0 态，具有置____功能。 （3）$J=1$、$K=0$ 时，无论触发器的初始状态是 0 还是 1，在 CP 脉冲下降沿到来时，触发器的状态为 1 态，具有置____功能。 （4）$J=1$、$K=1$ 时，在 CP 作用后，触发器的状态总是发生一次翻转，具有____功能	主从 JK 触发器状态表				
			CP	J	K	Q^{n+1}	功能
			↓	0	0	Q^n	
			↓	0	1	0	
			↓	1	0	1	
			↓	1	1	$\overline{Q^n}$	
	画图	在 JK 触发器中，已知 CP、J、K 的波形如下图所示，试画出 Q 端的波形。设初始状态 $Q=0$。				

知识链接

为了提高触发器工作的可靠性，增强其抗干扰能力，产生了边沿 JK 触发器。边沿 JK 触发器只在 CP 的上升沿（或下降沿）根据输入信号的状态翻转，而在 CP = 0 或 CP = 1 期间，输入信号的变化对触发器的状态没有影响。边沿 JK 触发器分为 CP 上升沿触发型和 CP 下降沿触发型两种，也称为正边沿触发型和负边沿触发型。

D 触发器的介绍如表 4.3.3 所示。

表4.3.3 D触发器的介绍

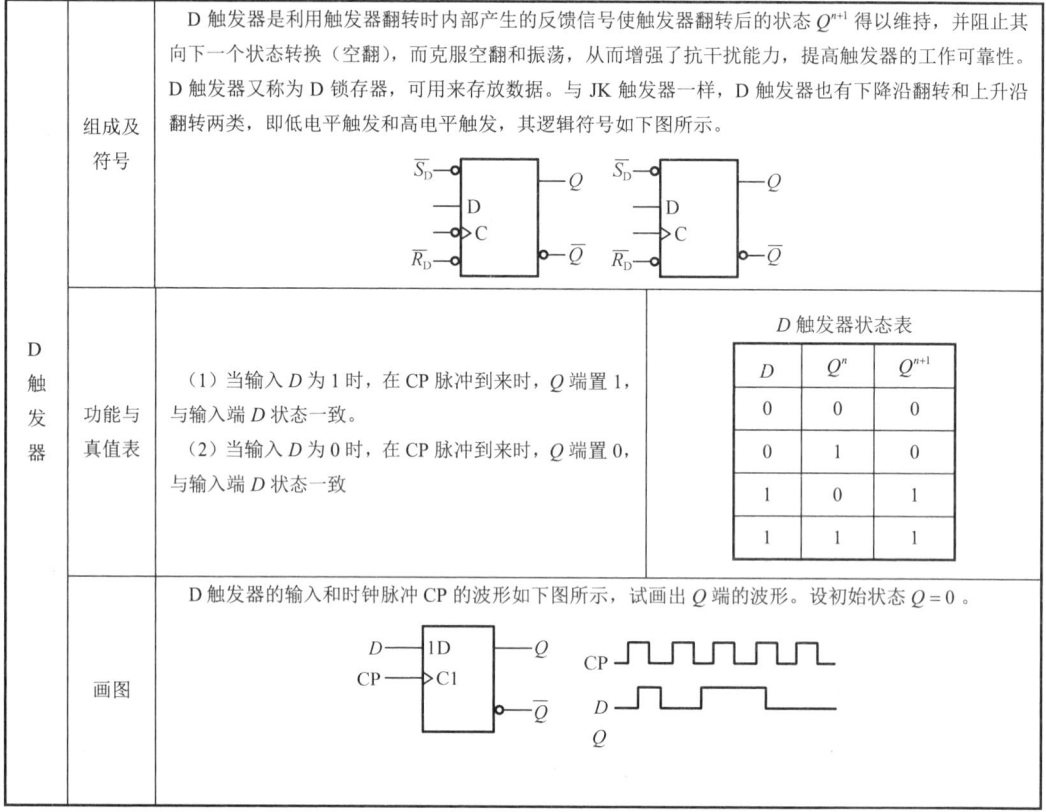

做一做

运用与非门（74LS00系列）、发光二极管、电阻、按键开关等元件，组成一个RS触发器消抖电路，验证RS触发器置0和置1功能，分析消抖的原理，原理图如表4.3.4所示。

表4.3.4 RS触发器消抖原理图

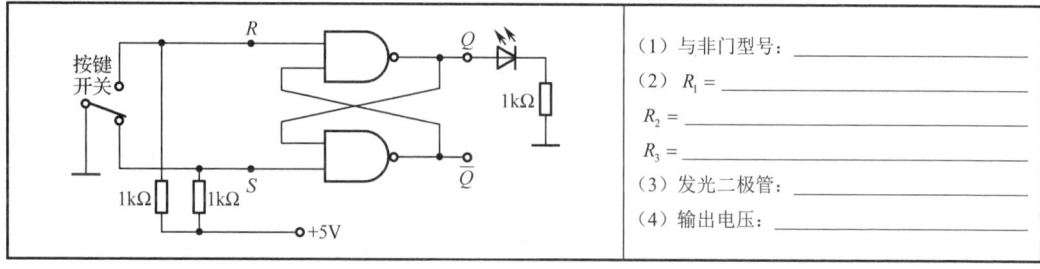

(1) 与非门型号：_____
(2) R_1 = _____
　　R_2 = _____
　　R_3 = _____
(3) 发光二极管：_____
(4) 输出电压：_____

学习任务 2 计数器及应用

计数器是用来统计输入脉冲 CP 个数的电路,其主要由触发器组成。计数器是应用最为广泛的时序逻辑电路,它不仅可用来对脉冲计数,而且常用于数字系统的定时、延时、分频及构成节拍脉冲发生器等。下面就一起来学习典型的异步二进制和十进制计数器的相关知识,如表 4.3.5 所示。

表 4.3.5 典型的异步二进制和十进制计数器的相关知识

分类	(1) 按计数长度:可分为二进制、十进制及 N 进制计数器。 (2) 按计数脉冲的引入方式:可分为异步和同步计数器两类。 (3) 按计数的增减趋势:可分为加法、减法及可逆计数器。 (4) 按电路集成度:可分为规模集成计数器和中规模集成计数器
异步二进制计数器	二进制有 0 和 1 两个数码,双稳态触发器有 0 和 1 两个状态,所以一个触发器可以表示一位二进制数。如果要表示 n 位二进制数,则可用 n 个触发器,它可以累计 2^n 个脉冲 (1) 由 4 个 JK 触发器组成的 4 位二进制加法计数器如下图所示。图中 4 个触发器的 J、K 端均悬空,相当于接高电平 1,处于计数状态。计数脉冲从最低位触发器的 CP 端输入,并用该脉冲触发翻转,而其他触发器均用低一位触发器的输出端 Q 进行触发,四个触发器的状态只能依次翻转,故称为异步计数器。试分析计数过程。 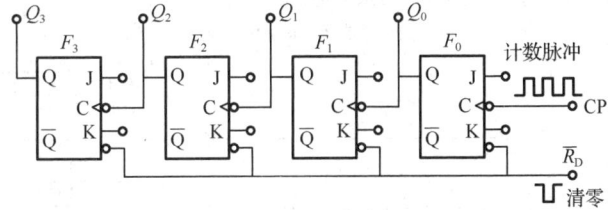 计数前,先在 $\overline{R}_D$ 端加一个负脉冲进行清零,各触发器的状态 $Q_3Q_2Q_1Q_0 = 0000$。 当第 1 个计数脉冲 CP 下降沿到来时,F_0 翻转,Q_0 端由 0 变 1,此时 Q_0 的正跳变不能使 F_1 翻转,计数器的输出状态为 $Q_3Q_2Q_1Q_0 = 0001$。 当第 2 个计数脉冲输入后,其下降沿又使 F_0 翻转,Q_0 端由 1 变 0,同时 Q_0 的负跳变使 F_1 翻转,Q_1 由 0 变 1,计数器输出状态为 0010。 等到第 15 个计数脉冲后,计数为 1111,第 16 个计数脉冲后,计数器的 4 个触发器全部复 0,并从 Q_3 送出一个进位信号。 计数器的工作波形图如下图所示。由波形图可以看出,Q_0 波形的周期比计数脉冲 CP 的周期大一倍,即频率是 CP 脉冲的一半,称 Q_0 为 CP 计数脉冲二分频,同理 Q_1 为四分频,Q_2 为八分频,Q_3 为十六分频。因此,计数器还有分频功能。 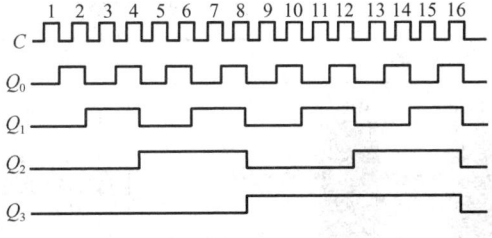

续表

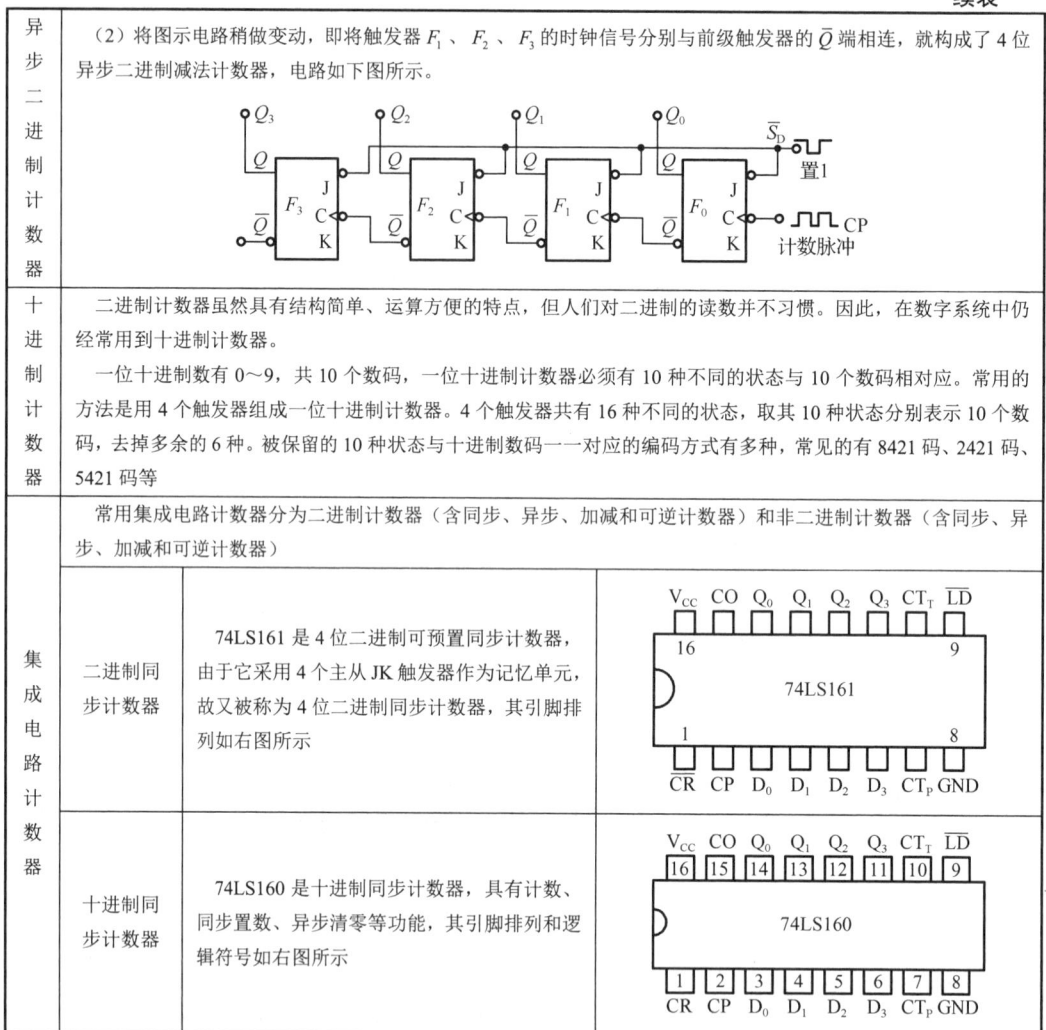

异步二进制计数器	（2）将图示电路稍做变动，即将触发器 F_1、F_2、F_3 的时钟信号分别与前级触发器的 $\overline{Q}$ 端相连，就构成了 4 位异步二进制减法计数器，电路如下图所示。	
十进制计数器	二进制计数器虽然具有结构简单、运算方便的特点，但人们对二进制的读数并不习惯。因此，在数字系统中仍经常用到十进制计数器。 一位十进制数有 0～9，共 10 个数码，一位十进制计数器必须有 10 种不同的状态与 10 个数码相对应。常用的方法是用 4 个触发器组成一位十进制计数器。4 个触发器共有 16 种不同的状态，取其 10 种状态分别表示 10 个数码，去掉多余的 6 种。被保留的 10 种状态与十进制数码一一对应的编码方式有多种，常见的有 8421 码、2421 码、5421 码等	
集成电路计数器		常用集成电路计数器分为二进制计数器（含同步、异步、加减和可逆计数器）和非二进制计数器（含同步、异步、加减和可逆计数器）
	二进制同步计数器	74LS161 是 4 位二进制可预置同步计数器，由于它采用 4 个主从 JK 触发器作为记忆单元，故又被称为 4 位二进制同步计数器，其引脚排列如右图所示
	十进制同步计数器	74LS160 是十进制同步计数器，具有计数、同步置数、异步清零等功能，其引脚排列和逻辑符号如右图所示

做一做

选取合适的计数器、晶振、电阻等，组成一个分频电路，制作一个 **1Hz** 输出信号电路，如表 4.3.6 所示（请思考：输出电压是多大？可以用来作为点火模块驱动信号吗？）。

表 4.3.6　1Hz 输出信号电路

电　路　图	元件选用及规格
CD4060　74HC74　32768Hz　1Hz	（1）计数器型号：_____ （2）$R =$ _____ （3）晶振规格：_____ （4）$C_1 =$ _____，$C_2 =$ _____ （5）发光二极管：_____ （6）输出电压：_____

学习任务 3 555 定时器及应用

在数字系统中,常常需要各种脉冲波形,如时钟信号等。获取脉冲信号的方法通常有两种:一种是利用脉冲振荡器直接产生的;另一种是对已有的信号进行整形处理,使之符合电路的要求。

555 定时器是一种用途十分广泛的集成电路。通常只要外接几个阻容元件,就可构成各种不同用途的脉冲电路,如多谐振荡器、单稳态触发器和施密特触发器等。同时,由于它的性能优良,使用灵活方便,因而在工业自动控制、家用电器和电子玩具等领域获得了广泛应用。下面一起来学习 555 定时器的基本知识。请阅读表 4.3.7 的内容并回答问题。

表 4.3.7 555 定时器的基本知识

电路组成	555 定时器是一种模拟电路和数字电路相结合的中规模集成电路,尽管产品型号繁多,但它们的逻辑功能和外部引脚排列却完全相同。如右图所示,由分压器、比较器、基本 RS 触发器和放电三极管等部分组成	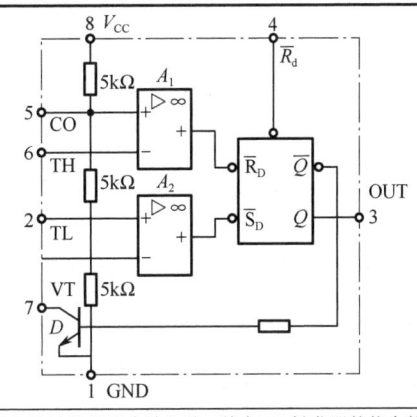
	电阻分压器:由 3 个均为 5kΩ 的电阻串联而成,故称为 555 定时器。其分别构成了比较器 A_1 同相端、A_2 反相端的基准电压,即 $U_{1+} = 2/3V_{CC}$,$U_{2-} = 1/3V_{CC}$	

	电压比较器:由_____ A_1 和 A_2 构成。其输出分别取决于每个比较器的两个输入端,基本 RS 触发器的状态就是由两个比较器的输出端来控制的
	基本 RS 触发器:当引脚 4 悬空时,A_1、A_2 交叉耦合形成基本 RS 触发器,其输入 $\overline{R_D}$ 为置 0 端,$\overline{S_D}$ 为置 1 端,分别来自 A_1、A_2 两个比较器的输出。$\overline{R_D}$ 为外部直接置 0 端,即 $\overline{R_D} = 0$,则 OUT = 0
	放电管:三极管 VT 工作在开关状态,其状态受基本 RS 触发器输出 $\overline{Q}$ 的控制,当 $\overline{Q} = 1$ 时,OUT 导通;当 $\overline{Q} = 0$ 时,OUT 截止

引脚及工作原理	请根据 555 定时器的功能表,说明其工作原理。						
	$\overline{R_d}$	U_{TH}	U_{TL}	$\overline{R_D}$	$\overline{S_D}$	Q	$\overline{Q}$	OUT
	0	×	×	×	×	0	1	0
	1	$> \frac{2}{3}V_{CC}$	$> \frac{1}{3}V_{CC}$	0	1	0	1	0
	1	$< \frac{2}{3}V_{CC}$	$< \frac{1}{3}V_{CC}$	1	0	1	0	1
	1	$< \frac{2}{3}V_{CC}$	$> \frac{1}{3}V_{CC}$	1	1	保持原状态		

(1)若 $U_{TH} > 2/3V_{CC}$,$U_{TL} > 1/3V_{CC}$,则比较器 A_1 输出 $\overline{R_D} = 0$,A_2 输出 $\overline{S_D} = 1$,则 $Q = 0$,OUT = 0,这时 VT_____。

(2)若 $U_{TH} < 2/3V_{CC}$,$U_{TL} < 1/3V_{CC}$,则比较器 A_1 输出 $\overline{R_D} = 1$,A_2 输出 $\overline{S_D} = 0$,则 $Q = 1$,OUT = 1,这时 VT_____。

(3)若 $U_{TH} < 2/3V_{CC}$,$U_{TL} > 1/3V_{CC}$,则 $\overline{R_D} = \overline{S_D} = 1$,触发器输出_____,OUT 与 VT 保持原状态。

可见,555 定时器具有 3 种功能,即_____、_____、_____。

做一做

1. 选择合适的阻容元件与 555 定时器，搭建一个多谐振荡器，实现秒脉冲电路功能。多谐振荡器原理图及波形如图 4.3.1 所示，请通过计算、调节元件参数，分析其工作过程并填写表 4.3.8（选取 $C=47\mu F$，$C_1=0.01\mu F$，$T=T_1+T_2=0.7(R_1+2R_2)C$，$V_{CC}=5V$）。

多谐振荡器实验

电容充电时，定时器输出 1，电容放电时，定时器输出 0。电容不断地进行充电、放电，输出端便获得矩形波。多谐振荡器无外部信号输入，却能输出矩形波，其实质是将直流形式的电能变为矩形波形式的电能。

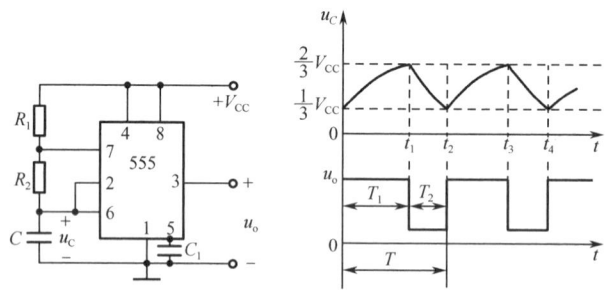

图 4.3.1　多谐振荡器原理图及波形

表 4.3.8　555 定时器的应用

电　路　图	元件选用及规格
	（1）555 定时器型号：_____ （2）$R_1=$ _____，$R_2=$ _____ （3）可调电阻规格：_____ （4）$C=$ _____，$C_1=$ _____ （5）发光二极管：_____ （6）输出电压：_____

2. 利用 Ne555 脉冲发生器和逻辑芯片，选取合适的元件，设计一个组合逻辑电路，观察其脉冲信号。

脉冲电路实验

评价反馈

（1）检查训练任务的标准：真实、完整、有效。
（2）按各学习活动进行自评或互评。
评价反馈表如表 4.3.9 所示。

表 4.3.9　评价反馈表

评价指标	考核指标	自评	互评	师评	均分	总评
任务完成情况（40分）	安全操作与规范（10分）					
	完成任务过程情况（5分）					
	完成任务质量（5分）					

续表

评价指标	考核指标	自评	互评	师评	均分	总评
任务完成情况（40分）	成员在小组任务中的作用（5分）					
	引导问题填写（5分）					
	关键操作要领掌握（5分）					
	作品分享（5分）					
专业知识（30分）	电路设计、搭建与模型转化（10分）					
	电子元器件的正确选择（10分）					
	故障排除（5分）					
	现象验证（5分）					
职业素养（30分）	学习态度：积极主动、参与学习、创新思维（10分）					
	团队合作：沟通协作、参与讨论（10分）					
	现场管理：工位安排、5S管理、环保节能（10分）					
综合评价等级						

任务拓展

点火线圈的控制是由 ECU 根据转速、进气量、水温、爆震等信号计算点火提前角的，向点火模块发出脉冲点火信号，促使火花塞击穿放电。运用本项目所学知识，选取相关电子元器件搭建一个频率可调的脉冲电路，与点火模块一起实现点火模块的模拟点火。

练一练

（1）两个与非门构成的基本 RS 触发器的功能有_____、_____和_____。电路中不允许两个输入端同时为____，否则将出现逻辑混乱。

（2）_____触发器具有"空翻"现象，且属于_____触发方式的触发器；为抑制"空翻"，人们研制出了_____触发方式的 JK 触发器和 D 触发器。

（3）JK 触发器具有_____、_____、_____和_____4 种功能。欲使 JK 触发器实现 $Q^{n+1} = \bar{Q}^n$ 的功能，则输入端 J 应接_____，K 应接_____。

（4）D 触发器的输入端有_____个，具有_____和_____的功能。

（5）时序逻辑电路的输出不仅取决于_____的状态，还与电路_____的现态有关。

（6）组合逻辑电路的基本单元是_____，时序逻辑电路的基本单元是_____。

（7）由与非门组成的基本 RS 触发器不允许输入的变量组合 $\bar{S} \cdot \bar{R}$ 为（　　）。
A．00　　　　　　B．01　　　　　　C．10　　　　　　D．11

（8）改变 555 定时器电路的电压控制端 CO 的电压值，可改变（　　）。
A．555 定时器电路的高、低输出电平　　B．开关放电管的开关电平
C．比较器的阈值电压　　　　　　　　　D．置"0"端 $\bar{R}$ 的电平值

（9）仅具有保持和翻转功能的触发器是 RS 触发器。（　　）

（10）十进制计数器是用十进制数码"0～9"进行计数的。（　　）

参考文献

[1] 李锁牢，王彬. 电工电子技术[M]. 成都：电子科技大学出版社，2017.
[2] 范次猛. 电工电子技术基础[M]. 北京：北京理工大学出版社，2019.
[3] 崔保记. 电工电子技术基础教程[M]. 西安：西北大学出版社，2018.
[4] 曹建林，魏巍. 电工电子技术[M]. 北京：高等教育出版社，2019.
[5] 夏球. 电工电子技术训练[M]. 北京：北京理工大学出版社，2019.
[6] 郭仿军，梁康有. 电工与电子技术实验[M]. 重庆：重庆大学出版社，2021.
[7] 曹光跃. 电子技术基础项目化教程[M]. 北京：机械工业出版社，2018.
[8] 张宪，张大鹏. 汽车电工电子基础[M]. 4版. 北京：北京理工大学出版社，2019.
[9] 刘江，王慧丽，王勇. 汽车电工电子技术基础[M]. 北京：机械工业出版社，2021.
[10] 李子云，宋佑川，蔡思. 汽车电工电子技术[M]. 第2版. 北京：清华大学出版社，2022.